KB112324

스토리텔링으로
완성하는
기획의 기술

스토리텔링으로
완성하는
기획의 **기술**

초판 1쇄 인쇄 | 2019년 1월 25일
초판 1쇄 발행 | 2019년 2월 01일

지은이 | 최기운
펴낸이 | 박영욱
펴낸곳 | 북오션

편　집 | 허현자·이상모
마케팅 | 최석진
디자인 | 서정희·민영선

주　소 | 서울시 마포구 월드컵로 14길 62
이메일 | bookocean@naver.com
네이버포스트 | m.post.naver.com('북오션' 검색)
전　화 | 편집문의: 02-325-9172　　영업문의: 02-322-6709
팩　스 | 02-3143-3964

출판신고번호 | 제313-2007-000197호

ISBN 978-89-6799-451-8 (03320)

스토리텔링으로 완성하는 기획의 기술

최기운 지음

당신을 기획자로 이끄는
7단계 트레이닝

북오션
콘텐츠그룹

우리는 지금 기획의 홍수 시대에 살고 있다. 회사에서는 사업 기획, 상품 기획, 영업 기획, 생산 기획, 개발 기획, 이벤트 기획 등을 해내라는 압박에 시달린다. 어디 회사뿐인가? 재테크부터 노후 준비까지 인생 자체도 기획의 연속이다. 하지만 대부분 사람들은 기획이라는 말만 들어도 머리가 지끈거리고 숨이 탁 막히기 시작한다.

기획은 경제·경영을 전공한 꽤나 똑똑한 사람이 폼 잡고 앉아서 어려운 용어와 그럴듯한 도표를 섞어 보고서를 만드는 것이라고 생각하고는 지레 겁을 집어먹는다. 어렵사리 용기를 내어 관련 책도 읽고 강의도 들어보는 등 나름대로 노력을 해보기도 한다. 그러나 감이 좀 잡히는 것 같아서 실제 업무에 적용해보려고 컴퓨터 앞에 앉기만 하면 그때부터 모니터 화면이 갑자기 노랗게 변하며 아무 생각도 나지 않는 현실에 허탈해지고 만다.

이 책의 주인공인 '나초보'도 여러분처럼 기획 때문에 스트레스를 받고 기획을 잘할 수 있는 비법을 찾아서 방황했다. 그러다 결국 그가 찾아낸 것은 '기획을 연애하듯이' 하면 된다는 아주 단순하면서도 말만 들어도 가슴 설레는 방법이다.

스토리텔링으로 기획을 익힌다

진심을 담아서 사랑하는 마음으로 대하면 상대에게 큰 사랑은 못 받더라도 적어도 따귀는 맞지 않는다. 이제부터 여러분도 가슴 설레는 마음으로 기획과 사랑에 빠져보자. 그러면 평소에는 속만 썩이는 괴물처럼 느껴지던 기획이라는 녀석이 어느샌가 가슴을 열고 여러분에게 보람과 즐거움을 선사하기 시작할 것이다.

이 책은 '머리로 하는 기획의 기술'을 화려하게 포장한 메마른 기술서가 아니다. 조금은 서툴러도 언제나 자상하고 따뜻한 마음으로 자신을 배려해주고 때로는 웃겼다가 울리기도 하는 사람처럼, 따뜻하게 손을 내미는 '가슴으로 하는 기획'에 관한 책이다. 그래서 기획을 잘하는 기술적인 방법을 족집게 과외 하듯이 머릿속에 집어넣으라고 윽박지르지도 않는다. 여러분은 단지 부담 없는 마음과 편안한 자세로 책장을 넘기며 소설을 읽듯이 이야기를 즐기면 된다. 이 이야기가 끝날 때쯤이면 기획과 함께한 즐겁고 뜻깊은 추억이 가슴에 아로새겨지고 이제는 기획이 친근하고 사랑스럽게 느껴질 것이다.

끝으로 필자를 낳고 길러주신 부모님과 원고 집필을 위해 많은 도움을 준 지인들, 부족한 원고를 좋은 책으로 만들어준 출판사 관계자들께 감사의 인사를 드린다.

최기운

| 목차 |

PART3 경영 기획 – 회사의 중장기 비전

40여 년 전 창업주의 땀과 노력의 결실로 세워진 오로라화장품. 이 회사 사옥 입구에 세워진 미의 여신 비너스 조형물은 세월의 풍파를 견뎌오며 지나가는 사람들의 눈길을 모아왔다. 하지만 언제부터인가 조형물의 색 바랜 느낌이 왠지 이 회사의 현재 상황을 반영하는 것처럼 느껴진다.

수십 년간 오로라화장품은 대한민국의 수많은 여성들에게 아름다워지는 즐거움을 선사해왔다. 아줌마 판매원을 활용한 방문판매, 즉 전국 방방곡곡의 여성들에게 직접 찾아가는 마케팅은 승승장구했다. 오로라의 판매원이 가는 곳은 단순한 판매 장소가 아니라 여성들의 만남의 공간이 되어 그들을 하나의 커뮤니티로 묶어주었다.

그러나 세월이 지나면서 세상은 변화를 요구하기 시작했다. 시장과 소비자도 빠르게 변해갔다. 하지만 오로라화장품은 과거의 영광에 사로잡혀 시대에 뒤떨어진 전략을 안일하게 고수했다. 그 결과 외환위기를 겪으면서 부도 직전에까지 몰렸다. 세계적인 해외 명품 화장품 브랜드들이 속속 밀려들어와 고급 화장품 시장을 잠식하고 신생 국내 회사들은 초저가 브랜드를 내세워 박리다매 전략으로 치고 들어왔다. 외환위기는 이겨냈지만 오로라화장품은 그야말로 사면초가에 몰린 채 계속해서 타 회사에 시장점유율을 잠식당했다.

게다가 설상가상으로 창업주인 사장까지 고령과 지병으로 회사 일에 전념하지 못하는 지경에 이르렀다. 이렇게 되자 실질적인 최종

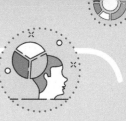

업무 권한은 고단수 전무의 손에 맡겨졌다. 그리하여 그가 회사를 좌지우지하게 되었다. 창업주의 유일한 혈육이었던 외아들은 오래전에 교통사고로 죽었다. 그러니 사업을 이어받을 사람도 없는 상황이다.

이런 난국을 타개하기 위해 오로라화장품 전략기획팀은 외국 명문 대학에서 MBA 과정을 마치고 다국적 화장품 회사에서 일하고 있던 한기획이라는 인물을 스카우트했다. 그를 통해 세계적인 화장품 회사들의 성공 노하우를 벤치마킹하려는 것이었다. 더불어 획기적인 신상품을 개발해 시장점유율을 탈환하고자 했다.

상황이 이렇다 보니 신상품개발팀에 몰리는 회사 고위층의 압박과 기대감이 대단했다. 이로 인해 팀원들도 많은 부담을 느끼기 시작했고 팀원들을 독려해야 하는 진저리 팀장의 잔소리도 점점 늘어만 갔다.

그렇게 신상품개발팀 입사 동기인 나초보와 도도한 역시 입사 이후 처음으로 신상품 '기획'이라는 중요한 업무를 맡게 되었다.

기획을 위한
준비

기획에 성공하려면
어떻게 해야 할까?

– 기획을 잘한다는 것은?

연애나 기획이나 따지고 보면 큰 차이는 없다. 문제는 연애는
'가슴이 설레서 능동적으로 하는 일'이지만, 기획은 상사가
시켜서 하는 '남의 잣대에 맞게 수동적으로 하는 일'이라고
생각하는 우리의 사고방식이다. 이제부터라도 설레는 마음으
로 즐거운 연애를 하듯이 기획과 사랑에 빠져보자.

1-1

기획이나 연애나
알고 보면 똑같다

– 어떻게 하면 사랑받을 수 있을까?

"지금 이걸 기획안이라고 만든 거야? 초등학생도 이보단 잘하겠다. 자네 머리는 어깨에 폼으로 얹고 다니나? 벌써 입사한 지가 언젠데 감도 못 잡는 거야?"

"아니, 저 그게 아니고……."

"계속 이따위로 하려면 당장 회사 때려치워!"

오로라화장품의 신상품개발팀에 근무하는 나초보는 오늘도 제대로 된 기획안을 내놓지 못해 깐깐하기로 소문난 진저리 팀장한테 그야말로 진절머리가 나도록 깨지고 말았다. 나초보는 이제 기획이라는 말만 들으면 밥을 먹다가도 소화가 안되고 잠을 자다가도 경기를 하며 악몽에 시달린다. 기획 못한다고 허구한 날 깨지는 자신을 볼 때마다 한숨만 나올 뿐이다. 그동안 기획을 잘해보려고 관련 책들도 열심히 사서 읽으며 나름대로 노력해봤다. 하지만 읽을 때는 감이 좀 잡히는 것 같다가도 돌아서서 실제 업무에 적용해보려고 하면 뭘 어떻게 시작해야 할지 도통 막막하기만 했다. 기획에 대한 확실한 개념이 없다 보니 매번 한 번도 해보지 못한 것을 새로 시작하는 양 허둥대게 된다.

청운의 꿈을 안고 사회생활을 시작한 나초보를 무엇이 이렇게 좌절시키는 것일까? 기획이 뭐길래, 도대체 그까짓 기획이 뭐길래, 그 어려운 취업난을 헤치고 취업에 성공한 나초보의 인생을 이렇게 꿀꿀하게 만든단 말인가?

참담한 기분으로 나초보는 커피나 한잔하려고 휴게실로 갔다. 자판기에 동전을 넣고 버튼을 눌렀다. 그런데 웬걸, 자판기가 동전만 먹고 커피는 나오지 않는다.

"어라? 이제 자판기까지 날 무시하는 거야?"

나초보는 몇 번이고 메뉴 버튼을 누르다 쾅쾅 손바닥으로 자판기를 친다.

"이런, 자판기 부서지겠어요. 뭣 때문에 그래요?"

차례를 기다리던 전략기획팀의 한기획 과장이 물었다. 한 과장은 외국의 한 명문대학에서 MBA 과정을 마친 뒤 다국적 화장품 회사에서 근무하다 얼마 전 오로라화장품에 스카우트되어 온 인물이다. 뛰어난 실력에 인간관계까지 좋아서 입사한 지 얼마 안 됐는데도 벌써부터 회사 내에서 그 능력을 인정받고 있었다. 사내 여직원들 사이에서도 인기가 대단했다.

"자판기가 돈을 먹었어요. 가뜩이나 열 받는데 자판기까지 짜증나게 만드네요."

"흠, 어디 볼까? 이런, 동전이 입구에 걸렸네."

한 과장이 주머니에서 동전을 꺼내 입구에 걸린 동전을 조심스럽게 밀어 넣고는 메뉴 버튼을 누르자 커피가 나오기 시작한다.

"동전이 불량이었나 보네요. 커피 여기 있어요."

머쓱해진 나초보는 머리를 긁적이며 커피 잔을 건네받았다.

"저는 전략기획팀의 한기획 과장입니다. 우리 회사에 근무하시나 보죠?"

"아, 네. 안녕하세요. 저는 신상품개발팀의 나초보라고 합니다. 한 과장님의 명성은 익히 들어서 알고 있습니다."

"네? 명성이라니요?"

"능력 있고 매너 좋고, 거기다 얼짱에 몸짱이라서 여직원들이……. 아무튼 인기 좋으세요."

나초보의 칭찬에 한기획 과장이 멋쩍은 표정을 지으며 악수를 청한다.

"그런데 무슨 일 있어요? 기분이 별로 안 좋아 보이네요."

"기획안을 제대로 못 만들어서 팀장님한테 깨졌어요. 제 딴에는 정말 열심히 했다고 생각했는데……. 기획 못한다고 깨지는 것도 이젠 진절머리가 나요. 어디 가서 돈 주고 기획 과외라도 받고 싶은 심정이에요."

나초보의 말에 잠시 말없이 생각에 잠겨 있던 한 과장이 입을 열었다.

"내가 괜찮은 기획 과외 선생님 한 분 소개할까요?"

"그래요? 정말이요? 그분이 누군데요, 네?"

뜻하지 않은 제안에 나초보는 눈을 동그랗게 뜨고 한 과장을 바라보았다.

"오늘 술 한잔 사요. 내가 조금은 도움이 될 수 있을 것 같네요."

"오! 기획 능력을 인정받아 우리 회사로 스카우트된 한 과장님께서 제 기획 과외 선생님이 되어주신다고요? 싸부님! 제가 오늘 거하게 쏘겠습니다. 암요!"

회사 근처 대폿집 '국제시장'. 주거니 받거니 술잔을 기울이며 이야기를 나누다 보니 두 사람은 금세 친해졌다.

"그런데 과장님은 어떻게 그렇게 기획을 잘하세요? 무슨 비법이라도 있나요?"

"기획을 잘하는 비법이라. 물론 있지. 나초보, 연애해봤지? 기획도 연애하듯이 하면 돼."

"기획을 연애하듯이?"

한 과장의 말에 나초보는 고개를 갸우뚱거렸다.

"그래, 누군가와 사랑에 빠지면 가슴이 설레고 즐겁잖아? 기획도 마찬가지야. 일이라고 생각하면 억지로 하게 되지만 연애라고 생각하면 즐겁고 재미있게 할 수 있는 거야."

"에이, 어떻게 기획을 연애하듯이 해요?"

나초보는 어처구니없다는 표정을 지어 보였다. 한 과장은 빙그레 웃으며 이야기를 계속했다.

"연애를 하려면 우선 마음에 드는 상대의 취미가 뭔지, 무엇을 좋아하는지, 뭐든 알려고 하잖아? 그래서 어떻게든 상대방을 즐겁게 만들고 감동을 주려고 하지. 자신을 좋아하게 만들려고 말이야."

"그, 그렇지요."

"기획도 마찬가지야. 연애의 대상은 소비자이고, 어떻게 하면 우리 회사가 소비자에게 사랑받을 수 있을지 고민하고 노력하는 것의 첫 단추가 바로 기획인 셈이야."

"아하, 그렇게 생각할 수도 있군요."

"상대를 위해 아무리 준비를 많이 했더라도 막상 그 사람 앞에서 자신의 마음을 제대로 표현하지 못한다면 그것처럼 안타까운 일도 없겠지?"

"기획에서도 표현하는 게 중요하다는 말씀이시죠?"

"그렇지, 마음속으로 아무리 좋아해도 당사자 앞에서 표현을 제대로 못하면 그 사람과의 관계를 발전시키기가 쉽지 않을 거야. 기획도 마찬가지야. 아무리 좋은 아이디어와 전략이 있다고 하더라도 그것을 표현해 담은 '기획안'을 제대로 만들어내지 못하면 사람들은 그 좋은 아이디어와 전략을 제대로 이해하기 힘들 거야. 사랑하는 사람에게 자신의 마음을 제대로 전하지 못하는 것처럼."

"아, 알았어요! 그러니까 사랑하는 사람에게 자신의 감정을 표현하듯 기획안을 쓰라는 말씀이시죠! 그렇죠?"

나초보는 무릎을 쳤다.

"그래, 기획은 연애와 아주 비슷해. 그래서 기획을 연애하듯 하라는 거야."

기획을 연애에 비유하는 한 과장의 설명을 들으면서 나초보는 기획에 대한 막연함과 두려움이 사라지는 느낌이 들었다. 나초보는 두 주먹을 불끈 쥐고 비장한 표정을 지으면서 다짐을 했다.

'이제 새로운 태도와 각오로 기획의 달인이 돼보자. 진저리 팀장 기다려보쇼. 내가 멋진 기획안으로 당신을 진저리 치도록 놀라게 만들어줄 테니!'

연애하듯이 순수한 마음으로 기획을 즐겨라

누구나 연애를 해본 경험이 있을 것이다. 대부분의 연애는 시작과 동시에 자연스럽게 그 관계가 깊어져 간다. 그런데 기획은 어떤가? 회사에서 어떤 식으로든 기획을 해야 하는 상황에 맞닥뜨리면 상당수 사람들이 부담감을 느끼곤 한다. 연애는 시작하기가 어렵다면 기획은 진행이 어렵다.

연애는 사랑에 빠져서 스스로 하고 싶어 하는 것이지만 기획은 업무이며 의무라고 생각하기 때문에 앞으로 나아가기가 힘든 것이다. 몸과 마음의 움직임 없이 앵무새 말 따라 하기처럼 흉내만 내려니 우왕좌왕하게 된다. 가슴으로 느끼고 몸으로 체득한 경험은 언제 어느 상황에서나 살아 있는 지식이 되지만 머리로만 외운 정보는 실전에서 별 도움이 되지 못한다.

연애나 기획이나 따지고 보면 큰 차이는 없다. 문제는 연애는 '가슴이 설레서 능동적으로 하는 일'이지만, 기획은 상사가 시켜서 하는 '남의 잣대에 맞게 수동적으로 하는 일'이라고 생각하는 우리의 사고방식이다. 이제부터라도 설레는 마음으로 즐거운 연애를 하듯이 기획과 사랑에 빠져보자.

○월 ○일 기획 일기

오늘도 진저리 팀장한테 엄청나게 깨졌다. 이제는 혼나는 것도 지겹다. 그렇지만 앞으로는 달라질 것이다. 든든한 기획 과외 선생님이 생겼으니까. 기획이나 연애나 알고 보니 똑같구나. 연애할 때의 마음으로 하면 기업의 사업 기획도 그리 어렵지만은 않을 것 같다. 이제부터 기획안을 만들다 막히면 연애를 한다 생각하고 접근해야겠다.

이제는 기획안 못 만든다고 구박이나 받던 과거의 나초보에서 벗어날 것이다. 나는 오늘부터 기획과의 연애를 시작할 것이다. 기획, 피할 수 없다면 차라리 연애하듯이 사랑해보자.

기획형 인간이 되기 위한 조건
– 어떻게 해야 진정한 인기남이 될까?

"여보세요? 나야. 잘 지내냐? 그래, 그냥 그렇지 뭐. 야! 주변에 좋은 여자 있으면 소개 좀 시켜주라."

"얼씨구? 근무시간에 여자 꼬드길 궁리나 하고 앉아 있어? 꼭 일도 못하는 것들이 밝히기는. 도도한 씨를 좀 봐요. 근무시간에 딴짓 안 하고 열심히 일하니까 기획안도 항상 좋잖아!"

오늘도 여지없이 진저리 팀장의 잔소리가 시작됐다. 오늘따라 대머리가 더욱 눈부시다. 입사 동기인 도도한이 나초보를 한심하다는 듯 쳐다보며 뜻 모를 웃음을 흘린다.

'나초보, 너는 승진 포기해라. 우리 팀의 대리 진급 0순위는 나라고, 나.'

'도도한, 이 자식, 팀장 오는 거 알았으면 좀 말해주지. 자기도 딴짓해놓고서는 치사하게시리.'

나초보는 진저리 팀장의 잔소리 신공과 눈초리 비수를 가까스로 피해 한기획 과장을 찾아갔다.

"나초보, 표정이 왜 그래? 또 진저리 팀장한테 혼났어?"

"기획도 못하고 연애도 못하고, 저는 왜 이 모양이죠? 어, 인라인 스케이트네?"

한숨을 쉬며 넋두리를 늘어놓던 나초보가 한 과장 책상 밑에 놓여 있는 택배 상자 안의 물건을 보며 말했다.

"전에 사용하던 게 망가져서 산악자전거 사면서 같이 주문했어. 얼마 전에 산악자전거 동호회에 가입했거든."

"아니, 인라인스케이트 동호회에 산악자전거 동호회까지요? 그리고 사진 동호회 활동도 하시잖아요? 취미도 많고 발도 참 넓으시네요. 전 이것저것 다 귀찮기만 하던데."

"나초보는 취미가 뭔데? 여가 시간에 뭐 해?"

"친구들하고 술 마시거나, 집에서 뒹굴면서 잠자는 게 최고죠. 주말엔 피곤하니까 쉬고요."

"아니, 만날 그렇게 지내면서 어떻게 기획 잘하기를 바라고 여자 친구 생기기를 바라는 거야?"

한 과장의 지적에 나초보는 멋쩍은 표정을 지으며 머리를 긁적였다.

"취미 생활과 대인 관계를 가능한 폭넓게 하려고 노력해야 해. 평소의 그런 생활 습관이 회사의 기획 업무에도 많은 도움이 된다고."

"아하, 평소 냉장고에 다양한 음식 재료를 준비해놓고 있으면 갑자기 손님들이 들이닥쳐도 대접하는 데 무리가 없겠군요."

나초보의 다소 엉뚱하지만 그럴듯한 비유에 한 과장이 고개를 끄덕이면서 웃었다.

　"하하! 그렇게 비유할 수도 있겠네. 아무튼 평소에 다양한 분야의 정보를 수집해두면 기획 업무 때 많이 활용할 수 있지."

　"그렇다면 기획을 잘하기 위해서는 관련 분야 정보만 열심히 파고들어서는 안 되겠네요. 다양한 분야에 관심을 갖는 게 중요하다는 거죠?"

　"그래, 맞아. 그런데 이왕이면 단순한 관심이나 호기심보다는 좀 더 분석적인 자세로 접근하면 훨씬 좋지. 예를 들면, 길 가다가 어떤 매장의 인테리어가 멋있다는 생각이 들면 그냥 멋있다고만 느낄 것이 아니라 다른 매장들과 어떤 점에 차이가 있어서 멋있게 보이는지를 나름대로 분석해보는 거야. 그런 식으로 해보면 회사에서 기획 업무를 할 때에도 무엇을 어떻게 해야 차별화하고 또 효과적인 결과를 얻을 수 있을지에 대한 답을 좀 더 쉽게 찾을 수 있지."

　"그런데 매사를 그렇게 하려면 엄청나게 많은 공부와 시간이 필요하지 않나요?"

　"억지로 시간을 내서 시험공부 하듯 하면 금방 제풀에 지치게 마련이야. 그냥 평소 생활에서 관심과 노력을 조금만 더 기울여 재미있게 접근해보겠다는 정도로 생각하고 해야 더 효과적이지."

　한 과장의 말에 나초보는 어릴 적 방학 때마다 거창하게 만들곤 하던 방학 생활 계획표가 떠올랐다. 나초보는 방학이 시작된 지 며칠 만에 계획표의 계획들을 포기하곤 방학 내내 어영부영 시간을 보냈던 기억이 나 쓴웃음을 지었다.

"연애도 마찬가지야. 도서관에 가서 '연애학 개론' 따위의 책을 들고 그 안의 내용을 달달 외운다고 갑자기 사랑이 찾아오겠어? 그보다는 자신의 장단점을 파악해 꾸준히 가꾸고 맘에 드는 사람과 자연스럽게 접촉할 수 있는 기회를 많이 갖도록 노력해야지."

　"흠, 기획도 잘하고 연애에도 성공하려면 쓸데없이 술이나 마시거나 집에서 뒹굴면서 잠만 잘 게 아니라, 작게나마 좀 더 건설적으로 생활을 변화시켜야겠군요."

킹카 기획맨과 솔로 무기획맨

구분	잘나가는 킹카 기획맨 한 과장	외로운 싱글의 대명사 나초보
호기심	새로운 것에 도전하는 것이 즐겁다. 새로운 제품이나 정보를 적극적이고 능동적으로 수용한다.	사용법을 익힐 만하면 새 제품이 나오는 것이 짜증난다. 새로운 것은 또 다른 귀찮음을 줄 뿐이다.
대인관계	다양한 온·오프라인 모임에 참여하고 적극적으로 인간관계를 형성한다. 그 와중에 많은 사람들에게 노출이 되므로 작업 대상은 무궁무진하다.	인간관계라고 해봤자 술 퍼마시는 친구 모임이 대다수며 동호회 활동도 귀찮을 뿐이다. 그러면서 괜찮은 애인이 하늘에서 떨어지기만 바란다.
자기 연출	자신의 단점은 보완하고 장점을 사람들에게 부각할 수 있도록 적극적으로 노력한다.	자신의 단점은 적나라하게 드러내는 반면에 잘난 척하는 것 같다는 생각에 자신의 장점 부각에는 소극적이다.
지식 관리	평소에 인터넷에서 다양한 정보를 수집해서 자신의 블로그에 체계적으로 정리해 두어 필요할 때마다 수시로 참조한다.	평소에 인터넷은 게임을 할 때만 활용하며 필요한 정보는 그때그때 찾는다. 쓸 만한 정보를 보면 스크랩해서 참조하려고 하다가 까먹고 나중에 필요할 때는 찾지도 못한다.

구분	잘나가는 킹카 기획맨 한 과장	외로운 싱글의 대명사 나초보
분석력	좋은 서비스나 제품을 보면 항상 그 성공 요소는 무엇이고 무엇을 개선할 수 있을지 분석한다.	좋은 서비스나 제품을 보면 자신이 그 제품을 살 때에만 관심을 갖고 그렇지 않을 경우에는 관심이 없다. 살 때에도 가격이 얼마인지가 중요할 뿐이다.

기획력의 바탕은 평소 생활에서 나온다

기획을 잘하는 사람들은 언제나 새로운 기획을 위한 준비를 평소 생활에서부터 실천한다. 또한 항상 호기심을 갖고 새로운 것에 도전하고 보고 배우며 익히는 것을 즐긴다. 대인 관계에서도 폭넓은 활동을 통해 자신과는 다른 다양한 분야의 사람들로부터 많은 정보를 습득할 수 있는 채널을 유지한다. 또한 인터넷을 적극적으로 활용하며 각종 유용한 자료는 체계적으로 저장해두고 필요할 때마다 적절하게 활용한다. 그리고 이렇게 모은 '남의 정보'들을 직접 자신의 눈으로 보고 몸으로 체험하는 노력을 통해 정보와 현실 간의 차이를 정확하게 꿰뚫어 보고 '남의 정보'를 '나의 정보'로 만든다.

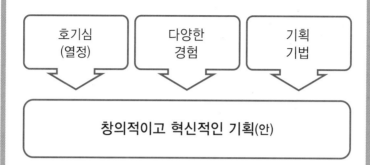

기획력의 원천

호기심
(열정)

다양한
경험

기획
기법

창의적이고 혁신적인 기획(안)

반면에 기획을 못한다는 스트레스 속에서 괴로워하는 사람들의 실상을 들여다보면 매일 기획 때문에 고민은 하지만 정작 매사에 호기심이나 열정이 없다 보니 그저 시키는 일을 마지못해 할 뿐이다. 대인 관계 또한 항상 보는 사람들만 만나다 보니 정보 습득도 제한적일 수밖에 없다. 여기에 인터넷은 게임 전용으로 사용하고 어렵게 찾은 자료도 제대로 저장하지 않아 매번 필요한 정보를 찾아 헤매다 결국 포기하고 만다. 그리고 주위들은 정보를 직접 확인해보려는 시도를 하지 않기 때문에 정보와 현실 간의 차이로 인한 오류로 피해를 보는 일이 많다.

다양한 분야에 대한 호기심(열정)과 경험의 바탕 위에서 기획을 잘하기 위한 기법을 연습했을 때에야 비로소 창의적이고 혁신적인 기획을 할 수 있다. 단지 기획을 잘하기 위한 기법에만 매달린다면 형식만 그럴듯하고 알맹이가 없는 '영혼 없는' 보고서만 쏟아내는 '좀비 같은 기획자'가 될 뿐이다.

평소 생활의 작은 차이와 노력이 기획 능력의 차이를 만든다. 혹시 스스로 자신을 변화시키려는 노력은 하지 않은 채 기획 잘하는 비법이 하늘에서 뚝 떨어지기만을 바라고 있지는 않은가? 발을 땅에 디디면서 하늘을 날 수는 없는 노릇이다.

○월 ○일 기획 일기

멋진 사람이 되기 위해서는 평소에 자기 관리를 잘해야 하는 것처럼 기획형 인간이 되기 위해서는 일상생활에서부터 작은 노력을 꾸준히 해야 한다는 것을 알았다. 그런데 나는 만날 어영부영 기획 잘하는 비법이 어디에서 뚝 떨어지기만을 바라고 있었으니…….

기획을 잘하려면 평소에 기획적인 사고를 할 수 있도록 노력해야 한다는데, 너무 욕심을 내다가 제풀에 지치기보다는 작은 데서부터 발상의 전환을 시도해보자. 그러고 보니 스킨로션 병의 뚜껑이 어떤 것은 돌리는 거고 어떤 것은 그냥 잡아당겨서 여는 건데, 왜 다른 것일까?

기획에 필요한 정보 수집 방법
– 내 마음에 쏙 드는 그녀는 도대체 어디에 있을까?

아침 회의 시간. 진저리 팀장이 잔뜩 분위기를 잡더니 의미심장한 말을 건넨다. 조만간 회사의 미래를 책임질 획기적인 신상품을 개발하라는 업무 지시가 내려올 것 같다는 것이다. 그러면서 요즘 신세대의 특성과 소비성향, 그리고 최근 화장품 산업 동향에 대한 자료를 찾아 보고하라는 지시를 내렸다.

회의가 끝난 후에 나초보와 도도한이 휴게실에서 이야기를 나눈다.

"도도한, 너 자료 어디서 찾을 거냐?"

"글쎄. 각자 일은 각자 알아서 하는 게 어때?"

"좀 같이 하면 안 되냐? 치사하다. 너 나랑 입사 동기 맞냐?"

'인생은 원래 냉정한 거야. 남을 죽이지 않으면 내가 죽는다고. 흐흐.'

남을 이용하거나 남을 짓밟아야 자신이 살 수 있다는 생각을 갖고 있는 도도한이 나초보를 보며 음흉하게 웃었다.

한편, 나초보는 도도한과는 달리, 서로 협력해서 성과를 키워나가는 것이 업무 진행에 훨씬 효과적이고 조직에도 도움이 된다는 생각을 갖고 있었다. 그래서 두 사람은 입사 초기부터 사사건건 의견 충돌이 많은 편이었다.

"뭘 그렇게 실실 웃어? 그나저나 도대체 어디서 어떻게 신세대의 특성과 소비성향에 관한 자료를 찾으란 거야."

필요한 정보를 어디에서 찾아야 할지 막막한 나초보는 일단 한기획 과장에게 가서 조언을 구하기로 했다.

"한 과장님, 팀장님이 신세대에 관한 자료를 찾아 정리하라고 지시했는데요. 저번에 말씀하신 기획형 인간이 되어야 한다는 것은 알겠는데, 당장 이런 자료는 어디서 구해야 하는지 모르겠어요. 하루아침에 기획형 인간이 되는 게 아니잖아요, 쩝."

"물론 첫술에 배부를 수야 없지. 나초보, 애인 없다고 했지?"

"네, 그런데 갑자기 애인은 왜요?"

"내가 미션을 하나 주지. 오늘부터 마음속에 그리던 이상형의 여자를 어디서 찾을 수 있을지 한번 고민해봐."

"아니, 자다가 봉창 두드리는 것도 아니고, 신세대에 관한 자료를 찾아야 한다니까 갑자기 웬 이상형을 찾아보라고 그러세요?"

"기획을 연애하듯이 하라고 한 말 생각나지?"

"그럼요. 생각나고말고요."

"그럼 됐어. 가봐."

"네?"

"곰곰이 잘 생각해보고, 이따 저녁에 만나지. 자세한 이야기는 그때 하자고."

회사 근처 식당인 '카우보이 비밥'. 나초보와 한 과장이 한 테이블에 마주 앉아 비빔밥을 먹으며 대화를 하고 있다.

"아까 내가 준 미션에 대해서 고민해봤어? 인구의 절반이 여자인데 너무 대단한 사람을 원해서 못 찾고 있는 거 아냐? 예쁘고 몸매 좋고 성격도 좋고 게다가 돈도 많고 능력 있는, 꿈속에서나 나올 법한 여자를 찾는 건 아니겠지?"

"사실 그동안 제가 이상형에 대해 너무 막연하게만 생각해왔던 것 같아요. 아까 말씀 듣고서 곰곰이 생각해봤거든요. 다른 거보다 좀 활동적이고 저와 마음이 잘 맞는 게 중요할 것 같아요. 특히 영화를 좋아하면 좋겠어요."

"이상형이 없어서 못 만난 게 아니라 자신이 원하는 이상형을 진지하게 생각해보지 않아서 아직 이상형을 못 만난 거로군. 당연히 이상형을 찾기 위한 노력도 부족했을 테고."

"맞아요. 그래서 이상형을 찾는 것도 아주 막연하게 느껴졌던 것 같아요."

"그렇지. 나초보가 좋아하는 사람이 활동적인 사람이랬지? 인터넷 스포츠 동호회 같은 데 가입해서 활동하다 보면 이상형을 만날 가능성이 커지지 않을까? 기획도 마찬가지야. 신세대에 관한 자료를 찾아야 한다면 신세대가 과연 어떤 사람들을 가리키는 것인지를 정확하게 알고 난 다음, 온·오프라인에서 그들이 모여 있을 만한 곳을 찾아다니며 정보를 모아야지."

"아, 아까 그래서 저한테 마음속에 그리던 이상형을 어디서 찾을 수 있을지 고민해보라고 말씀하신 거군요."

"그래. 그런데 주의할 게 하나 있어. 나초보도 소개팅을 해봐서 알겠지만 막상 만나보면 상대가 이야기 듣던 것과 많이 달라서 실망하기도 하잖아?"

"네, 맞아요. 저번에도 상대가 진짜 괜찮다고 해서 나갔는데 실제로 만나보니까, 으아."

"그래서 남을 통해 얻은 정보를 본인이 직접 확인하는 과정이 중요한 거야. 신세대가 어떤 사람들인지 파악했고 또 그에 대한 정보를 모았다고 쳐. 그다음에는 그 정보가 실제와 얼마나 일치하는지 직접 확인해봐야 해. 기획을 할 때 이러한 점을 소홀히 하다 잘못된 정보로 인해 실패하는 경우들이 많지."

"흠, 그렇군요. 결국 정보를 잘 찾는 것도 중요하지만 정보가 제대로 된 것인지를 잘 확인하는 것도 중요하군요."

"그래. 요즘처럼 정보가 홍수처럼 넘쳐나는 시대에는 찾아낸 정보가 정확한지 확인하려는 노력을 별로 하지 않아. 그러다 보니 나중에 큰 문제가 생기곤 하지."

"그렇군요. 그런데 생각해보니까 제 미션의 답은 가까운 데 있겠네요. 제 미션의 답은 한 과장님께 있을지도 몰라요. 스포츠 동호회라⋯⋯."

나초보가 눈을 반짝거리며 한 과장을 뚫어지게 바라보았다.

"무슨 말이야? 인라인스케이트 동호회?"

"네. 저도 껴주세요."

"그래, 그렇게 해. 우리 동호회에 와서 기획 자료도 조사하고 이상형도 찾아보라고."

"정말이죠? 그럼 다음 번 모임부터 저도 꼭 데리고 가주시는 겁니다."

한 과장에게 다짐을 받고 나초보는 묘한 웃음을 흘렸다.

기획에 필요한 정보를 인터넷에서 찾는 방법

요즘에는 웬만한 정보는 인터넷에서 다 찾을 수 있다. 정보가 없는 것이 문제가 아니라 어디에 어떤 정보가 있는지, 또 어떻게 찾는지가 문제다. 정보가 어디에 있는지 잘 몰라 헤매거나 찾은 정보의 가치를 제대로 판단하지 못하는 것이 문제다.

진저리 팀장이 나초보에게 시킨 일은 신세대의 소비성향과 새로운 화장품 개발에 관한 자료를 수집하라는 것이다. 그렇다면 찾아야 할 자료는 두 가지다. 신세대에 대한 자료와 화장품 산업에 대한 자료가 그것이다. 이처럼 어떤 자료를 찾아야 하는지를 제대로 이해하는 것이 자료 조사의 출발점이다.

일단 신세대에 대한 정보부터 정리를 해보자. 우선, 일반적으로는 신세대라고 하지만 구체적으로 몇 살부터 몇 살까지를 신세대라 하는지 알아야 하고, 또 그 신세대들의 소비성향, 감정 표현, 놀이 문화 등이 어떠한지 상세한 자료를 가지고서 분석해야 한다.

어떤 자료가 필요한지를 파악했으면 이제 본격적으로 자료를 찾아보자. 자료를 어디서 찾으면 될까?

먼저 인터넷 검색엔진을 활용하자. 또 하나의 방법은 언론사의 홈페이지를 이용한 검색이다. 언론사 홈페이지에서 기사 검색을 하면 '심층 기획 시리즈' 자료를 찾을 수도 있고 '모 정부기관이나 단체, 기업체에서 발표한 A라는 자료에 의하면'이라는 식으로 출처가 기록된 기사도 찾을 수 있다. 기사 내용이 자신이 찾고자 하는 정보와 관련이 있으면 원본 자료를 소장한 곳의 홈페이지를 방문해 자료를 내려받는다. 이러한 자료들에서 기획에 참조할 수 있는 유용한 정보들을 수집할 수 있다.

또 다른 방법은, 자신이 다니는 회사 혹은 업무와 관련된 기관, 단체, 경쟁사 홈페이지를 이용하는 것이다. 화장품 산업을 예로 들면 대한화장품협회, 대한화장품학회, 식품의약품안전처 등 정부 기관, 진흥원, 협회, 학회, 연구소 등의 유관 기관과 단체들이 업종별로 존재하게 마련이므로 1차적으로 그런 곳들의 홈페이지를 방문하여 자료를 찾아보면 된다. 이들 인터넷 사이트를 뒤지다 보면 △△연감, ○○백서와 같은 제목으로 된 해당 업종에 대한 산업 분석, 시장 통계 같은 정보들을 접할 수 있다. 예전에는 그러한 정보들을 책자 형태로만 접할 수 있었지만, 요즘은 인터넷에 문서 파일이나 PDF 형태로 인터넷에 올라오는 경우가 많으므로 손쉽게 활용할 수 있다.

그런데 이러한 기관 등의 홈페이지에서 제공하는 정보는 분량도 많고 메뉴도 많아서 자신이 원하는 정보를 찾기가 쉽지 않다. 이런 경우 대부분의 홈페이지 첫 화면에서 제공하는 사이트 맵을 열어 자신이 찾는 정보가 대략 어느 메뉴에 있을지를 미리 파악해두는 것이 효율적이다. 만약 해당 홈페이지에서 자신이 찾고자 하는 정보가 없을 경우 관련 기관 링크 메뉴에서 유관 기관의 홈페이지 링크를 클릭해 방문하면 정보의 바다에서 헤매는 시간을 크게 단축시키면서 필요한 정보를 찾을 수 있다.

다른 사람들의 블로그에서 기획에 필요한 정보를 찾는 방법도 있다. 단순한 신변잡기뿐만 아니라 자신이 관심 있는 분야에 대한 전문적인 정보를 찾아서 체계적으로 정리해놓은 블로그가 점점 많아지고 있다. 이런 블로그를 잘 활용하면 기획에 필요한 정보를 쉽게 찾을 수 있다. 인터넷 포털 사이트 검색엔진이나 언론사 홈페이지에서 유용한 정보를 찾으려면 매번 많은 수고를 해야 하는 데 비해, 본인과 비슷한 관심사를 가진 사람의 잘 정리된 블로그를 찾아내기만 한다면 이미 여러분보다 한발 앞서 발 빠르게 쌓아둔 자료들에 거의 아무런 노력 없이 접근할 수 있는 것이다.

주의할 점은 이렇게 인터넷을 통해 자료를 찾았다고 해서 '자료 조사'가 끝나는 것이 아니라는 점이다. 인터넷을 통해 얻은 정보는 이미 제3자의 시각에 의해 가공된 간접 자료다. 때문에 객관적인 근거나 사실과는 다른 왜곡이 있을 수 있고, 정보 자체에 오류가 있을 수도 있다.

이런 잘못된 정보가 쌓이면 자료 자체가 '썩은 사과 상자'가 돼버리고 만다. 잘못된 정보로 인한 기획의 오류를 줄이려면, 되도록 본인이 직접 발로 뛰어서 정보를 찾아내겠다는 자세로 정보 검색에 임해야 한다. 제3자가 제공한 정보는 항상 검증이 필요한 것이다.

TIP 썩은 사과의 법칙

사과 상자를 위에서 내려다보면 사과들이 전부 탐스러워 보이지만 아랫면을 들춰보면 시꺼멓게 썩은 사과가 있다. 얼핏 보면 잘 드러나지 않는 썩은 사과는 이내 다른 사과까지 썩게 만들고 결국에는 사과 상자 전체의 가치를 떨어뜨리고 만다. 이것이 바로 '썩은 사과의 법칙'이다.

기획 자료를 찾는 방법에 대해 한 과장한테 코치를 받은 나초보는 한동안 열심히 인터넷을 뒤져 유용한 자료를 찾아냈다. 관련 업계의 동향 등 깊이 있는 자료는 인터넷에 올라온 정보로는 좀 부족한 느낌이 들어서 주변의 신세대라고 생각되는 연배의 후배들을 만나 찾은 정보에 대한 의견을 구해 자료를 보강했다.

"나초보 씨, 내가 찾아보라고 했던 자료는 찾았나? 쓸 만한 내용이 좀 있던가?"

"네, 신세대의 특성에 관한 자료뿐만 아니라 SNS에 올라온 빅 데이터 텍스트를 분석한 자료를 통해서 신세대 여성들이 하루에 화장을 무려 네 번 고친다는 사실을 확인했습니다. 그리고 최근의 화장품 산업에 대한 각종 통계자료들도 모두 찾아두었습니다."

"SNS 빅 데이터? 하루에 4번 화장을 고쳐?"

"팀장님, 빅 데이터 모르세요? 인터넷상의 다양하고 방대한 정보를 수치뿐만 아니라 문자나 영상 데이터까지 분석해서 사람들의 행동과 의견을 파악하는 거예요. 지하철 이용 빅 데이터에 따르면 강남역과 홍대입구역이 가장 이용 승객이 많기 때문에 지역 상권이……그래서 화장품 산업은 현재 시장 규모가……."

어쩌고저쩌고 좔좔좔.

진 팀장의 질문에 나초보는 신이 나 떠들어댔다.

"아, 빅 데이터? 무, 물론 알지. 그걸 모를 리가 있나? 내가 잠시 딴생각을 하느라 말이지. 아무튼 수고했어요. 그래 맞아. 빅 데이터가 요즘의 트렌드지. 안 그래, 도도한 씨?"

"네? 그, 그렇지요. 물론 빅 데이터가 대세지요. 저도 그렇게 생각하고 있었습니다. 팀장님."

옆에 있던 도도한이 순간 더듬거리면서 진 팀장의 질문에 아는 체를 했다.

'아니? 저 자식이 진저리 팀장한테 칭찬을 다 듣다니. 도대체 어디에서 그 많은 자료를 다 구한 거지? 수상한데. 뭔가 있어. 틀림없이 뭔가가.'

나초보는 진 팀장의 칭찬에 의기양양해서는 그 순간 도도한이 잔뜩 의심 어린 표정으로 자신을 째려보는 것을 알아채지 못했다.

○월 ○일 기획 일기

마음에 쏙 드는 멋진 여자를 만나기 위해 연애 고수들이 물 좋은 곳을 찾아 다양한 작업을 벌이듯, 기획에 필요한 정보를 수집할 때도 다양한 방법을 구사해야 한다는 것을 알았다.

인터넷만 잘 활용해도 기본적인 자료는 얼마든지 찾을 수 있었는데 나는 여태 뭘 하고 있었던 건지, 내가 생각해도 참 한심하다. 하지만 이제는 예전의 내가 아니다. 자료가 필요할 때는 검색엔진, 블로그, 언론사, 기관 등의 인터넷 사이트를 방문해서 자료를 살펴보면 된다. 물론 그런 자료에 오류가 없는지 검증하는 것도 잊지 말아야 한다.

기획이란 게 알고 보면 그리 어려운 것만도 아니군.

기획에 필요한 정보 관리 방법
– 이런, 그녀의 연락처를 잃어버렸다

"나초보 씨, 얼마 전에 보고했던 자료 좀 줘봐요."

며칠 뒤, 진 팀장이 나초보의 자료를 다시 찾았다. 그런데 어디다 두었는지 도무지 보이지를 않았다.

"그게 어디 갔더라? 출력해놓은 게 분명 있었는데, 이상하네? 도도한, 너 혹시 내 자료 못 봤니?"

"그게 어디 있는지 내가 어떻게 알아? 네가 알아서 잘 관리해야지."

"아니, 없으면 새로 출력하면 될 거 아니야!"

나초보가 부산을 떨자 지켜보던 진 팀장이 짜증 섞인 목소리로 한 마디 던진다.

"그런데 그 파일을 어디에 저장했는지 모르겠어요."

"아이고 속 터져. 그럼 다시 내려받으면 되잖아!"

"그 사이트가 어디였지?"

"도대체 정신을 어디다 팔고 다니는 거야? 어떻게 그거 하나 똑 부러지게 못해, 도대체!"

진 팀장이 잔뜩 화가 나 나초보를 질책하는 동안 도도한은 아무도 모르게 뜻모를 미소를 지었다.

오늘도 여지없이 진저리 팀장한테 깨진 나초보는 한 과장을 찾았다.

"좋은 자료 찾았다고 칭찬 듣기 무섭게 자료를 잃어버리고 또 깨졌어요."

"아니, 왜 안 혼나도 될 일로 혼나고 그래? 평소에 자료 정리를 잘해야지. 기껏 마음에 드는 여자 전화번호를 받아놓고서는 핸드폰에 입력을 안 해 전화번호를 잃어버린 꼴이군."

"아. 맞아요. 얼마 전에 뷰티 산업 전시회에 갔었거든요. 거기서 상담 담당자가 마음에 들어서 나중에 시간 나면 핸드폰에 전화번호를 입력하려고 했는데 그만 명함을 잃어버렸지 뭐예요."

"이런, 나초보는 아직 기본이 안 돼 있네. 정보는 그때그때 바로 정리하고 제대로 보관해야지, 나중에 정리해야지 하다가 보면 기억도 가물가물해지고 자료도 어디 두었는지 까먹게 되는 법이라고. 평소에 관리를 잘해야 해."

"그러게요, 나도 한 과장님처럼 평소에 확실하게 물 관리를 해야 하는 건데."

"웬 물 관리? 어쨌든 기획에 필요한 자료를 정리하는 방법에 대해서 알려줄 테니까 이따가 끝나고 다시 오라고."

컴퓨터와 인터넷을 활용한
효율적인 자료 관리

일반적으로 기획을 잘하는 사람들은 필요한 자료를 어디에서 어떻게 찾을 수 있는지를 잘 알고 있을 뿐만 아니라 찾은 정보를 체계적으로 잘 관리할 줄도 안다.

예전에는 필요한 자료를 신문에서 오려 스크랩하거나 각종 책자에서 복사해 모으기도 했지만 최근에는 이 모든 과정을 인터넷으로 편리하게 처리하고 있다. 대부분의 언론사 홈페이지에서는 최근 기사뿐만 아니라 지나간 기사들도 다양한 조건으로 검색해 볼 수 있다. 여기에 일부 언론사는 실제 종이 신문과 동일한 형태의 PDF로 기사를 올려놓아 지나간 자료도 쉽게 열람할 수 있도록 해놓았다. 또한 각종 산업별 백서나 연감 같은 자료 역시 관련 단체의 홈페이지에 가면 쉽게 내려받아 볼 수 있다.

게다가 자신의 블로그에 다양한 관심 분야별로 게시판을 만들어 인터넷을 서핑하다가 발견한 유용한 자료를 스크랩해두면, 먼지 쌓인 지저분한 서류철을 일일이 뒤질 필요도 없고 내용이 바뀔 때마다 새로 분류하느라 부산을 떨 필요도 없이 간단하게 컴퓨터 앞에서 자료를 정리하고 필요할 때마다 열람할 수 있다. 또한 블로그를 통해 다른 사람들과도 간단하게 다양한 자료를 공유하고 주고받으면서 더욱 많은 자료를 모아나갈 수가 있다. 이와 같이 '블로그'만 잘 활용해도 기획에 필요한 자료들을 항상 '물 좋은' 상태로 관리할 수 있다.

자료 관리를 위한 나만의 숨은 보물 창고 - 블로그

네이버는 1인당 3개까지 복수의 아이디를 생성할 수 있다. 이를 활용해서 자료 관리를 위한 블로그를 운용할 수 있다. 남에게 공개하기 껄끄러운 자료나 관심사 등은 남들이 모르는 새로운 아이디로 차곡차곡 쌓아 관리하면 상당히 편리하고 프라이버시도 지킬 수 있다.

한 과장이 블로그를 이용해서 자료를 체계적으로 관리하고 사람들과 공유하는 방법을 알려주자 나초보는 적잖이 놀랐다.

"와! 대단하네요. 한 과장님은 이런 식으로 자료를 관리하고 있었군요. 그래서 척하면 온갖 자료가 다 튀어나오는군요."

"사실은 내 블로그가 기획의 보물 창고인 셈이야. 내 컴퓨터는 항상 원하는 정보를 순식간에 찾아주는 충실한 비서 역할을 하고 있지."

  연애 고수들이 평소에 작업 대상을 잘 관리하듯이 기획을 잘하는 사람들 역시 평소에 자료를 잘 관리하는구나. 역시 한 과장님은 대단해. 인터넷 블로그를 일기나 신변잡기용으로만 즐기는 것이 아니라, 기획에 관한 자료를 퍼 와서 담아두는 인터넷 보물 창고로 활용할 줄이야. 그리고 자기 PC를 인터넷 검색엔진처럼 활용하다니. 나도 이제는 블로그와 내 PC를 나만의 보물 창고이자 충실한 비서로 활용해야겠다.

2

기획 과정은
7단계로 구성된다

– 7단계만 알면 누구나 기획을 잘할 수 있다

연애에 성공하기 위해서는 어떤 대상을 어떤 식으로 공략해서 연애라는 목표를 이룰 수 있을지 작업 전략을 세워야 한다. 회사가 새로운 사업에 진출하기 위해 사업 계획을 수립하는 것도 이와 같은 과정과 별반 다르지 않다. 회사가 당면한 상황에서 무슨 사업을 어떻게 해야 회사가 이익을 내고 시장에서 살아남을 수 있을지 분석해서 그 대안을 구체적으로 제시하는 것이 바로 사업 계획이다.

기획의 7단계 원칙
– 솔로 탈출 계획

화창한 주말 오후. 탁 트인 공원에서 인라인스케이트를 타는 사람들의 모습이 무척이나 싱그러워 보인다. 그들 틈에서 엉성한 폼으로 뒤뚱거리는 사람이 하나 있다.

"과장님, 같이 가요!"

한 과장의 권유로 동호회에 가입해 인라인스케이트를 배우기 시작한 나초보가 땀을 뻘뻘 흘리며 고수들을 따라 하고 있다.

"나초보! 천천히 해. 처음부터 그렇게 무리하지 말고 한 단계씩 배워나가야지."

"그냥 해볼게요. 저는 단계 같은 거 따지면 잘 안되더라고요."

"이런, 오늘 벼를 심고는 배고파 서둔다고 그게 바로 밥이 되나? 시간을 갖고 잘 관리해 수확한 다음에 밥을 지어야 비로소 맛있는 밥이 되는 거지. 인라인스케이트를 타든, 데이트를 하든, 아니면 기획을 하든, 차근차근 순서대로 해야 하는 거야. 그래야 원하는 결과를 얻을 수 있어."

"흠. 듣고 보니 제가 급하다고 우물가에서 숭늉 찾은 셈이군요. 기획을 하는 데 필요한 단계들에는 뭐가 있나요?"

"이리 와서 앉아봐. 이거 마시면서 좀 쉬면서 얘기하자고."

나초보는 한 과장이 건넨 음료수를 마시면서 그의 이야기를 기다린다.

"기획 과정은 7단계로 이루어지거든. 사람들이 기획이 어렵다고 느끼는 것은 이러한 기본 단계를 잘 모르기 때문이야. 이것만 이해하면 어떤 기획 업무가 주어지더라도 걱정 없이 해낼 수 있지."

"오! 그런 게 있군요. 기획의 7단계라."

"전에 기획을 연애하듯 하라고 말한 것 기억하지? 기획의 7단계도 연애하는 과정과 아주 비슷해. 나초보의 가장 절실한 문제인 '연애'를 기획의 주제로 잡아 설명해볼게. 이참에 연애도 성공하고 기획의 달인도 돼보는 건 어때?"

"정말요? 근데, 절실까지는 아니라고요. 단지 좀 많이 외로울 뿐이지."

한 과장은 설명을 계속 이어갔다.

"그게 그거지. 아무튼 자, 우선 1단계는 무엇을, 왜 기획해야 하는지 기획의 과업을 정의하는 단계야. 그럼 지금 무엇을 기획해야 하지? 과업이란 뭘까?"

"흠…… 제 연애의 성공을 위한 기획을 시작하는 건가요?"

"그렇지. 그런데 그냥 그렇게 밋밋한 말 말고 광고 카피처럼 그럴 듯한 제목을 붙여보면 어떨까? 누가 들어도 이해하기 쉽고 좀 더 끌리게 말이야. 가령, '나초보의 솔로 탈출 대작전' 어때?"

"와, 정말 그럴듯하네요!"

기획의 제목을 다듬은 것만으로 나초보는 기획해야 할 내용이 뭔지 쉽게 이해되는 것 같았다.

"그다음 기획의 2단계는 1단계에서 정의한 기획 과제를 수행하기 위해 관련 자료를 수집하고 분석하는 과정이야. 나초보가 솔로 탈출을 하려면 커플이 되기 위한 대상이 있어야겠지. 그 대상이란 여성일 테고. 그리고 좀 더 대상 범위를 좁히면 아마 20대 여성이 될 거야."

나초보는 말없이 고개를 끄덕였다. 정말이지 연애에 대입하니 복잡한 기획도 흥미진진한 이야기가 아닐 수 없었다.

"대상이 되는 '타깃'을 파악했으면 그 대상에 대한 자료를 수집해 분석해야 되거든. 요즘 20대 여성들은 어떤 것을 좋아하고 무엇을 하며 시간을 보내는지, 또 좋아하는 남성은 어떤 스타일인지 말이야. 아, 어떤 분위기의 데이트를 선호하는지 등도 알아야 그들에게 호감을 주고 친밀하게 다가갈 수 있겠지."

한 과장은 계속해서 설명을 이어갔다.

"기획의 3단계는 2단계의 시장 분석을 통해 나온 결과를 토대로 기획 아이디어를 내고 기본 전략을 정리하는 단계야. 20대 여성들이 좋아하는 이상형을 기준으로 현재의 나초보를 보면 뭐 하나 내세울 만한 점이 하나도 없다고 예를 들어보자. 그렇다면 이 난국을 어떻게 타개해야 할까?"

"뭔가 변신이 필요하지 않을까요?"

"그렇지. 획기적인 변신이 필요하지. 그게 바로 기획 콘셉트가 되는 거야. 고객, 즉 시장이 원하는 요구를 알았다면 그에 맞추려는 노력이 필요한 거지. 그런데 '20대 여성들에게 내세울 만한 게 하나도 없는' 나초보의 경우엔 한두 가지 고쳐서 해결될 상태가 아니니까 대대적인 변신과 혁신을 통해 새로 태어나야 되겠지?"

"그런데 어디서 많이 듣던 말 같은데요?"

나초보는 실제로 자신이 그런 것은 아닌가 싶어 남은 음료수를 벌컥벌컥 마셔버렸다.

"진정한 기획은 어디선가 들어본 듯한, 누구나 알 수 있을 만한 쉬운 내용에 진심을 담아 생명의 온기를 불어넣는 거야."

"쉬운 내용과 진심, 생명의 온기라⋯⋯."

나초보는 여태까지 많은 자료와 복잡한 분석 그리고 어려운 전문 용어로 치장하는 것이 좋은 기획이라고 생각했었다. 하지만 한 과장의 설명을 듣고 보니 자신이 기획에 대해서 잘못된 편견을 가지고 있었다는 생각이 들었다. 그런 식으로 기획을 하려니까 매번 힘들고 어려워서 이도저도 아닌 결과가 나온 것이다.

"기획의 4단계는 3단계에서 도출한 기본 전략을 구현하기 위해 분야별 세부 실행 계획을 수립하는 단계야. 나초보의 연애 기획 콘셉트를 '변신'으로 설정했으면, 이제는 구체적으로 무엇을 어떻게 변신시켜 그녀와 연애에 성공할 수 있을지 기획해야겠지. 분위기 좋은 곳에서 어떤 대화와 이벤트로 그녀를 즐겁게 해줄 수 있을지 고민하는 것은 회사로 치면 제품 판촉을 위한 이벤트를 기획하는 거라고 볼 수 있어. 또 친구들한테 술 한잔 사줄 테니까 여자 친구를 소개하는 자리에서 내 칭찬을 좀 잘해달라고 부탁하는 것은, 회사로 치면 마케팅 제휴에 관한 기획이라고 볼 수 있지. 여기에 데이트할 때 돈이 없으면 낭패잖아? 그래서 오늘은 어떤 코스로 가니까 1차에서 얼마, 2차에서 얼마쯤 나오겠구나, 이런 것을 예상해 데이트 비용을 마련하고 비용 대비 분위기 좋은 데이트 장소를 고민하는 것은 일종의 자금 기획이 되는 셈이지."

"말 되네요! 재미있어요. 다음 단계는요?"

"시큰둥할 때는 언제고 이제는 눈이 반짝거리네? 기획의 5단계는 4단계의 여러 가지 아이디어와 세부적인 전략들을 문서로 일목요연하게 정리하는 단계야. '구슬이 서 말이라도 꿰어야 보배'인 것처럼 아무리 좋은 기획 아이디어와 전략이라도 누구나 쉽게 이해할 수 있는 보기 좋은 형태로 정리되어 있지 않으면 의미가 없는 셈이지."

"그렇다면 제가 멋지게 변신해 솔로 생활을 청산할 수 있다는 것을 핵심적인 내용과 이해하기 쉬운 표현으로 정리해 작성하는 것이 기획의 5단계에서 해야 할 일이군요."

"그렇지, 그게 바로 핵심이지. 여기까지 진행되었다면 이제 기획의 6단계에서는 정리된 '기획안'을 관련된 사람들에게 프레젠테이션이라는 방법을 통해 설명하는 단계야. 열심히 노력해서 기획안을 만들어 나눠 주면 모두들 열심히 읽어볼 것 같지만, 대부분 사람들이 문서 읽는 것을 피곤해하거든. 그래서 프레젠테이션이라는 설명회를 통해 관련된 사람들에게 기획안을 설명해주는 과정을 거치게 돼. 이 때 그냥 기획안이라는 문서를 줄줄 읽기보다는 시청각적인 자료를 활용해 기획안을 설명하는 것이 좀 더 효과적이지."

"요즘 인터넷에서 성형 전후를 대비해 보여주는 광고처럼 'Before 나초보 vs After 나초보'의 모습을 보여주면 재미도 있고 사람들도 쉽게 이해하겠는데요."

한 과장은 음료수를 마시려다 말고 한바탕 크게 웃었다.

"아주 재미있는 발상이야. 그렇게 하면 설명회에 참석한 사람들도 흥미를 갖고 기획안에 관심을 가질 테고, 그러면 '나초보 솔로 탈출 대작전'이 성공할 수 있겠다는 확신도 갖게 될 거야."

"그렇게 기획안 설명회를 마치고 나면 드디어 기획 작업이 완료된 건가요?"

"많은 사람들이 나초보처럼 생각하는 것이 문제야."

한 과장은 두 손을 내저으며 정색을 했다.

"왜요? 기획이란 게 설명회까지 마치면 다 끝나는 것 아닌가요?"

한 과장은 나초보의 모습에서 책상에 앉아 모든 것을 끝내려고 하는 안일한 기획자들의 '아폴로 신드롬'이 떠올랐다.

"기획안이 아무리 좋아도 그것이 현실에서 제대로 실행되지 않는다면 그건 단지 보고를 위한 보고서가 될 뿐이야. 그래서 마지막으로 실행과 보완이라는 7번째 단계가 필요한 거야. 이 단계에서는 기획안을 제대로 실행하기 위해 관련된 부문별 점검을 하고 실행 과정에서 생겨난 문제점이나 부족한 점을 보완해야 해. 나초보의 기획이 성공하기 위해서는 분위기 좋은 데이트 장소를 꾸준히 개발하고 용돈 관리도 잘해서 데이트할 때 비용에 문제가 없도록 해야 할 거야. 만약에 친구가 협조를 잘 안 해준다면 점심이라도 사주던지 해야 할 거 아냐. 이러한 노력들을 하지 않는다면 보고를 위한 기획으로 끝나기 쉽거든. 회사에서 원하는 것은 좋은 기획을 실행해 실질적인 성과를 내는 것이야. 단지 좋은 기획안이라는 서류만을 원하는 것이 아니야."

TIP 똑똑한 사람들만 모아놓으면 최고의 성과가 나올까?

아폴로 신드롬(Apollo Syndrome)은 뛰어난 인재들만 모인 집단에서 오히려 성과가 낮게 나타나는 현상을 말한다. 경영학자 메러디스 벨빈(Meredith R. Belbin)은 우수한 인재가 모인 그룹일수록 높은 성과를 낼 것이라는 가정하에 연구를 진행했으나, 막상 성과가 별로 우수하지 않다는 결론에 도달했다. 그는 우수한 인재 집단의 이름을 '아폴로'라고 명명했는데, 이후 이는 우주선을 만드는 일처럼 뛰어난 인재가 모인 조직이 막상 그만큼 성과를 내지 못한다는 것을 빗대는 말이 되었다. 우수한 인재들은 복잡하고 어려운 이론에 정통해서 그럴듯한 대안을 제시하지만 실제 그것이 구현되어 제대로 작동되게끔 하는 실무에는 어울리지 않거나 그런 부분을 무시하는 경향이 강하다.

쉽게 이야기하면, 아폴로 신드롬이란 탁상공론처럼 현장을 무시하고 머리로만 하는 업무(기획)로 인해 실제로는 현실성이 없거나 효율성이 낮은 결과를 불러오는 현상이라고 할 수 있다.

모든 기획의 기본 공식 – 기획의 7단계 과정

구분	기획 요소	세부 기획 내용
1단계	무엇을 왜 해야 하나? – 기획 과업의 정의	주어진 과제의 분석
2단계	관련 자료의 수집 및 분석 – 시장 분석	시장 환경 분석 소비자 분석 경쟁사(상품) 분석
3단계	아이디어 및 기획 전략 도출 – 기본 전략 설정	컨셉 및 성공 요소(KFS) 도출 마케팅 4P 믹스 브랜드 전략
4단계	아이디어 및 기획 전략 도출 – 기본 전략 설정	단계별 추진 전략 자금 · 손익 기획 마케팅 제휴 프로모션 기획
5단계	문서로 정리하기 – 일목요연한 기획서 작성	기획서 표현의 원칙 기획서 구성의 기본 항목
6단계	관련된 사람들에게 보고하기 – 프레젠테이션	프레젠테이션 사전 점검 프레젠테이션 진행
7단계	기획 사후 관리하기 – 실행 및 보완 작업	사후 관리/피드백

한 과장의 '기획의 7단계 과정'에 대한 설명을 듣고 나초보는 비로소 기획이라는 것이 어떻게 진행되는지 감이 오기 시작했다.

"아! 그렇군요. 기획이라는 것은 사전 계획은 물론 실행과 사후 관리까지 포함하는 작업이로군요. 저도 책상에 앉아 머리로만 복잡하고 어려운 기획을 짜낼 것이 아니라, 발로 뛰고 가슴에서 우러나오는 진심 어린 기획을 해보겠습니다."

"그럴 수만 있다면야, 정말이지 우리 회사의 기둥이 될 거야."

"한 과장님, 그렇게 말씀하시니까 꼭 사장님 같네요. 참, 그나저나 사장님은 좀 어떻대요? 사장님의 공백 때문에 요즘 회사가 많이 힘들어졌다는데……."

"대신에 고단수 전무님이 많이 노력하고 계시잖아?"

한 과장의 말에 나초보가 천만의 말씀이라는 듯 손을 내저었다.

"그건 과장님이 잘 모르시는 거예요. 지금 그분이 사실상 회사를 좌지우지하는데 성격이 괴팍해서 회사 분위기가 아주 살벌해요. 예전에 사장님이 계실 때는 직원들도 잘 챙겨주시고 회사 분위기가 아주 좋았는데, 지금은 영 아니에요. 아, 제가 별소리를 다 하네요. 하여간 다들 그렇게들 이야기하더라고요."

"아, 그래?"

나초보는 괜한 소리를 했는가 싶어 머리를 긁적였다. 한 과장은 어두운 표정으로 뭔가를 골똘하게 생각하더니 긴 한숨을 내쉬었다.

"자네 같은 젊은 피가 있는데 무슨 걱정인가. 자, 힘내자고. 자네처럼 인간 됨됨이가 된 젊은이가 업무 능력만 조금 더 키운다면 회사에 큰 역할을 하게 될 거야."

한 과장의 칭찬이 무안해 나초보는 주변을 둘러본다. 조깅을 하거나 인라인스케이트나 자전거를 타는 사람들 중에 젊은 여성들이 꽤 많다.

"운동 나온 사람들 중에 여자들도 꽤 많네요?"

"그렇지? 요즘 여성들은 스포츠나 레저 활동에도 아주 적극적이야."

"저기 좀 봐요, 과장님. 저기 인라인스케이트 타는 여자 너무 멋있죠?"

"저기 빨간 티셔츠 입은 여자 말하는 거야?"

"네, 맞아요. 완전 제 스타일이에요."

"그래?"

한 과장은 나초보와 미모의 아가씨를 번갈아 보며 묘한 웃음을 지었다.

<나초보 솔로 탈출 대작전> 기획 7단계 과정 분석

구분	기획 요소	나초보 연애 기획의 예
1단계	무엇을 왜 해야 하나? - 기획 과업의 정의	나도 연애 좀 해보자 <나초보의 솔로 탈출 대작전>
2단계	관련 자료의 수집 및 분석 - 시장 분석	요즘 젊은 여자들이 좋아하는 이상형은?
3단계	아이디어 및 기획 전략 도출 - 기본 전략 설정	요즘 여자들이 좋아하는 남자가 되려면 새로운 변신이 필요하다
4단계	구체적인 전략 세우기 - 관련 부문별 세부 실행 계획 수립	변신을 위한 세부 전략 - 데이트하기 좋은 곳을 찾아서 답사한다 - 데이트 비용 관리를 위한 계획을 세운다 - 수준 있고 재미있는 대화를 위해 책을 읽는다
5단계	문서로 정리하기 - 일목요연한 기획서 작성	- 데이트 비용 관리를 위한 자금 기획안 - 상대방을 사로잡을 대화술과 이벤트 기획안 - 친구들이 그녀 앞에서 내 칭찬을 하게 만드는 마케팅 제휴 기획안 - 그녀에게 나의 사랑을 고백하는 종합 기획서

구분	기획 요소	나초보 연애 기획의 예
6단계	관련된 사람들에게 보고 하기 - 프레젠테이션	여러분, 저 이렇게 해서 그녀와 행복 하게 살겠습니다
7단계	기획 사후 관리하기 - 실행 및 보완 작업	사랑에도 애프터서비스가 필요하다

○월 ○일 기획 일기

냉장고에 진저리 팀장을 집어넣는 데도 단계가 있다. 냉장고 문을 연다 → 진저리 팀장을 집어넣는다 → 냉장고 문을 닫는다.

연애에 성공하기 위한 단계별 작업이나 기획을 잘하기 위한 단계 별 작업이나 알고 보니 똑같군. 내가 여태 기획에 대한 감을 못 잡고 힘들어한 것도 바로 단계별로 해야 할 일을 정리하지 못해서 그런 거 였구나. 이제 무슨 기획 업무가 주어져도 '기획의 7단계'에 맞게 정리 해서 기획해봐야지. 기획 작업뿐만 아니라 살면서 어떤 문제에 직면 했을 때도 이 원칙을 적용하면 쉽게 해결할 수 있을 것 같은데?

한심하게도 여태까지 '보고를 위한 죽은 기획'이나 하려고 발버둥 쳐왔다니. '쉽고 진실한 내용으로 생명의 온기를 불어넣을 수 있는 기획'이라. 정말로 가슴에 깊이깊이 새겨두어야겠다.

사업 계획도 7단계 원칙을 적용하면 쉽게 시작할 수 있다

- 사업과 연애의 기본 과정

"자, 회의 시작합시다. 회사에서 새로운 사업을 하는 쪽으로 결론이 날 것 같은데, 우리가 이때 멋진 사업 계획서를 만들어서 홈런을 날려야 한다 이 말이야, 알았습니까? 여러분? 뭐야? 나초보! 이런 중요한 시점에 졸고 있어? 도대체 정신이 있나 없나?"

"죄송합니다. 명절 지내고 올라오는데 너무 차가 밀리는 바람에 새벽에야 도착해서 잠을 못 잤어요. 아무튼 사업 계획서 멋지게 만들어보겠습니다. 맡겨만 주세요."

"간단한 기획안도 제대로 못하는 놈에게 사업 계획서를 맡겼다가 무슨 사단을 내려고? 사업 계획서를 만들려면 어떤 작업들을 해야 하는지 알기나 하나? 그게 무슨 아이디어 정리한 보고서 같은 건 줄 알아?"

나초보는 어깨를 잔뜩 움츠린 채 진 팀장한테 핀잔을 들으면서도

막상 사업 계획서 작성도 7단계 원칙을 적용하면 뭐 해볼 만하다는
생각이 들었다.

사업 계획이란 무엇인가

'나초보의 솔로 탈출 대작전'을 성공적으로 수행하기 위해서는
구체적인 자료를 준비하고 분석해서 누구를 어떤 식으로 공략
하여 연애라는 목표에 이를 수 있을지 작업의 전략을 세워야 한
다. 그리고 그러한 작업 전략을 구체적인 문서로 일목요연하게
만들어서 관련된 친지들에게 발표해 허락과 협조를 구해야 한
다. 즉 의사 결정권자인 부모님에게 '자식 녀석이 멋진 연애에
성공해서 장가를 가겠다는 구체안'을 제시하고 허락을 받아야
이 기획에서 중요한 요소 중 하나인 결혼 자금을 지원받을 수 있
고, 또 계획을 실제로 실행할 수 있는 것이다.

회사가 새로운 사업에 진출하기 위해 사업 계획을 수립하는 것
도 이와 같은 과정과 크게 다르지 않다. 회사가 당면한 상황에
서 무슨 사업을 어떻게 해야 회사가 이익을 내고 시장에서 살아
남을 수 있을지 분석해서 그 대안을 구체적으로 제시하는 것이
바로 사업 계획이다.

사업 계획의 기본 과정

사업 계획의 기본 과정은 앞에서 설명한 기획 과정의 7단계 원칙과 동일하다.

즉 '기획 과업의 정의→시장 분석→사업 선정 및 기본 전략 수립→세부 운영 계획→사업 계획서 작성→프레젠테이션 및 의사 결정→실행 및 보완'이 그것이다.

마음에 드는 그녀가 어떤 음악, 영화, 음식을 좋아하는지 알고 싶어 이를 조사하는 게 시장 분석에 해당하고, 본격적으로 작업 시작을 위한 전략을 세우는 것은 사업 및 상품 기획 전략을 수립하는 것에 해당한다. 그리고 그녀랑 언제 어디로 놀러 갈지, 데이트 비용은 어떻게 조달할지 하는 고민은 세부 운영 기획이 되며, 어떤 이벤트로 그녀를 즐겁게 해줄지를 고민하는 것은 마케팅 기획에 해당하는 것이다. 이 모든 과정이 잘 진행되어 그녀의 부모님께 인사드리러 가는 일은 프레젠테이션에 해당한다고 할 수 있다.

사업 계획에 포함되어야 하는 필수적인 내용

- 시장 분석 및 성공 요소: 시장 환경 및 소비자에 대한 분석, 회사 내부의 역량과 성공 전략
- 투자/자금계획: 사업을 위해 필요한 설비, 건물, 인건비 등 예상 소요 금액을 추정하고, 그러한 자금을 조달하기 위한 투자 방법에 대한 내용
- 단계별 생산(개발) 계획: 누가 무엇을 언제까지 어떤 식으로 생산

(개발)할지에 대한 내용

- 마케팅 계획 : 어떤 상품(서비스)을, 어떤 가격으로, 어떻게 판매할
  것이며, 홍보는 어떻게 할 것인지에 대한 내용
- 매출/손익 계획 : 사업 개시 후 3~5년 이내에 흑자를 목표로 하는
  향후 매출과 손익 계획

연애를 하기 위해서는 이상형의 스타일에 대한 분석을 하고, 어떻게 하면 상대의 마음에 들 수 있을지 연구해서 작업에 성공할 수 있는 전략을 세우고, 데이트에 필요한 자금은 어떻게 조달할 것인지, 언제 어떤 비용과 선물을 투입해야 하는지, 언제 어떤 식으로 누구의 도움을 받아서 그럴듯한 전략을 추진해나갈지, 어느 멋진 장소에서 어떤 이벤트로 상대에게 감동을 줄지 등을 고민하고 전략을 짜야 한다. 기업이 새로운 사업을 추진하기 위해 세우는 사업 계획에 포함되어야 하는 내용과 별반 다름이 없지 않은가? 사업 계획은 이와 같이 연애할 때와 같이 극히 상식적이고 쉬운 내용을 잘 정리하기만 해도 누구나 세울 수 있는 것이다.

'기획 과정의 7단계에 따라서 기획을 하고 사업 계획에 포함되어야 하는 필수적인 내용들을 정리하면 되는 건가? 그런데 구체적으로는 어떤 식으로 기획의 골격을 세워서 기획안을 작성해야 그럴듯할까? 한 과장님한테 물어봐야겠다.'

진 팀장한테 핀잔을 들은 나초보는 사업 계획도 기획 과정 7단계

의 원칙에 따라 세우면 될 것 같다는 감을 잡았지만, 막상 세부적으로 어떤 항목을 어떻게 정리해야 할지 막막했다. 나초보는 한 과장을 찾았다.

'어? 어디 가셨지? 식사하러 가셨나? 어? 이게 뭐야? 신사업계획서 목차? 오호! 벌써 물밑 작업을 하고 계셨구나. 역시 대단해. 잘못하다가는 우리 팀이 전략기획팀에게 기회를 빼앗기겠는걸? 사업 계획을 하려면 먼저 이렇게 그럴듯한 목차를 만들어놓고 거기에 맞춰서 세부 내용을 적용해가는 거구나. 죄송하지만 커닝 좀 해야겠어.'

신사업계획서 목차

I. 사업 개요
  1. 사업 개요
  2. 사업 추진의 배경
  3. 사업의 특성 및 차별화 전략
  4. 사업 성공 요소

II. 시장 환경 분석
  1. 산업 분석
  2. 시장 규모 및 성장 추이
  3. 소비자 분석
  4. 사업 포트폴리오 분석

5. 경쟁사 분석 및 경쟁 우위 전략

Ⅲ. 마케팅 계획
1. 마케팅 전략 개요
2. 제품 전략
3. 가격 전략
4. 유통 전략
5. 광고 홍보 전략

Ⅳ. 생산 계획
1. 생산 전략
2. 설비 투자 계획
3. 자재 조달 계획

Ⅴ. 재무 계획
1. 매출 계획
2. 추정 재무 계획
3. 소요 자금 및 조달 방안

Ⅵ. 사업 추진 일정 및 인원 계획
1. 세부 추진 일정
2. 인력 충원 계획
3. 인력 운영 계획

Ⅶ. 결론 및 요약

사업 계획도 기획의 7단계에 맞게 작업하면 되는구나. 차이점이라면 다루어야 하는 분야가 많아서 이것저것 많은 자료를 찾고 정리를 해야 한다는 것. 따라서 제대로 된 사업 계획서 목차를 먼저 구성해야 한다. 그리고 나서 그 목차에 맞는 내용을 이제 하나씩 채워나가면 되는군. 이제 조금씩 미래가 보인다.

나의 목표 : '멋진 여자를 만나 솔로 탈출, 멋진 기획안으로 잔소리 탈출'.

나도 기획에
도전해보자

기획의 1단계

– 무엇을 왜 기획해야 하나?(과제 분석)

소비자의 사랑을 받고 그 사랑을 지속시키기 위해서 기업은
새로운 사업이나 상품·서비스 등을 만들어내고 개선시키며,
각종 이벤트나 광고를 진행한다. 이렇게 안간힘을 써야 경쟁
에서 살아남을 수 있기 때문이다. 기업은 기존 고객을 잘 유지
하면서 신규 고객을 끊임없이 확보하는 것이 숙명이고 이를
잘 조율해서 관리하는 것이 필수인 것이다.

1-1

도대체 기획은 왜 하는 걸까?

– 도대체 연애는 왜 하는 걸까?

오늘도 무수히 많은 기획 자료와 기획 회의, 기획 업무, 기획, 기획, 기획…….

한 과장한테 과외(?)를 받으면서 기획에 대한 개념을 재정립해 실력을 쌓아가던 나초보는 문득 기획에 대한 회의감이 들었다.

'도대체 기획은 왜 하는 걸까? 그리고 기획해야 하는 건 왜 이리 많은 걸까? 그냥 하던 사업하고, 팔던 물건 팔고, 하던 일 하면 되지. 왜 만날 뭔가를 해야 한다며 매번 새로운 기획안을 만드느라 고생하는 걸까?'

"나초보! 표정이 왜 그래? 바보같이 또 차였어?"

도도한이 특유의 도도한 표정으로 나초보를 보며 한마디 던진다.

"야, 도도한. 도대체 기획은 왜 하는 거라고 생각해?"

"갑자기 웬 뚱딴지같은 소리야? 왜 하긴, 위에서 시키니까 하지.

뭐 고민할 게 있냐? 그냥 하는 거지."

"시킨다고 아무 생각 없이 할 게 아니라 기획 업무에 대한 근본적인 필요성을 제대로 이해해야 좀 더 발전적이고 창의적인 기획을 할 수 있지 않겠냐는 거야."

"근본적인 게 별거냐? 기획이라는 건 어떻게 하면 소비자들을 꼬드겨 물건을 하나라도 더 팔아먹을 수 있을지 고민해서 온갖 수를 짜내는 거라고."

"꼭 그렇게 냉소적으로만 바라볼 게 아니라 기획을 좀 더 가치 있는 것으로 생각할 수는 없을까?"

"네가 그렇게 쓸데없는 거나 고민하니까 만날 그 모양인 거야. 정신 좀 차려. 그런다고 누가 월급 더 주냐?"

도도한은 쯧쯧 혀를 찼다. 도도한의 휴대전화 벨이 요란하게 울렸다.

"여보세요? 어, 알았어. 그래. 좀 이따 거기서 봐, 자기야."

"데이트 약속 있어? 저번에 말한 그 아가씨?"

"걔는 벌써 끝냈지. 아버지가 사업한다고 하기에 돈 좀 있는 줄 알았더니 영 아니더라고. 지금 이 여자는 집안이 장난 아니게 빵빵하거든. 어떻게 좀 잘해봐야 할 텐데."

"어떻게 경제적으로 덕 좀 보려고 여자를 사귀는 거야?"

"넌 그렇게 평생 샐러리맨으로 살아. 나는 꿈이 많은 사람이야. 너와 나는 갈 길이 다르다고. 사람을 잘 이용해야 출세하는 거야. 이용 가치가 없으면 과감하게 정리하는 결단력도 필요한 거라고. 나 먼저 간다. 팀장이 찾으면 거래처 갔다고 그래. 알았지?"

도도한은 서둘러 책상을 정리하고는 재빠르게 사무실을 빠져나 갔다.

'내가 너무 세상 물정을 모르고 사는 걸까? 어쩌면 저 녀석의 말이 맞을 수도 있겠지. 하긴, 내 앞가림도 제대로 못하면서 뭘…….'

풀이 죽은 나초보는 찾는 사람이 없는 자신의 휴대전화를 내려다 보며 중얼거렸다.

'아무리 그래도 난 저 녀석처럼 모든 사람을 출세의 도구로 삼고 윗사람 눈치나 보면서 살지는 못하겠어.'

퇴근 시간이 한참 지나고 어느덧 사무실에는 나초보 혼자였다. 나 초보는 혼자 사무실을 지키며 골똘하게 생각 속에 잠겨 있었다.

"늦게까지 혼자 남아 있네요?"

순찰을 도는 경비원의 말에 나초보는 문득 팔목의 시계를 봤다. 늦은 밤이었다.

"아, 네. 지금 가려고요."

나초보는 주섬주섬 옷을 챙겨 입고 사무실을 나섰다. 전철역을 향 해 길을 걷는데 팔짱 낀 남녀가 서로의 귀에 대고 소곤거리면서 지나 가는 모습이 눈에 들어왔다. 나초보는 문득 한기를 느꼈다. 어설프게 만났다 헤어진 첫사랑이 불현듯 생각났다.

'그땐 정말 좋았는데. 누군가를 사랑하고 사랑받는 건 참 행복한 일이지. 기획도 결국 우리가 만들어내는 상품이 더 오래 지속적으로 소비자들의 사랑을 받게 하려는 노력이 아닐까?'

왜 기획을 하는가?

왜 기획을 해야 할까? 그냥 하던 일 계속하면 되지, 왜 새로운 무엇인가를 하겠다고 사업 기획, 상품 기획, 서비스 기획, 마케팅 기획, 영업 기획, 생산 기획, 이벤트 기획, 자금 기획, 일정 기획, 여기에 하다못해 워크숍, 야유회에 MT 기획까지 해서 여러 사람을 피곤하게 만드는 것일까?

기업과 소비자의 관계는 우리가 누군가와 연애를 하는 과정과 매우 닮아 있다. 호감을 느끼는 설렘으로 사랑이 싹트기 시작해서 점점 무르익어 마침내 불꽃같은 사랑에까지 이른다. 하지만 어느 순간부터 사랑이 식으면서 권태기를 느낀다. 사랑에도 라이프 사이클이 있는 셈이다. 그래서 항상 서로의 사랑을 확인하고 지속시키기 위한 노력을 기울여야 한다. 이러한 노력이 순조로울 경우 권태기의 위기를 극복하고 다시 처음처럼 새록새록 사랑을 지속시킬 수 있다. 하지만 이 위기를 극복하지 못할 경우 파경을 맞기도 한다.

마찬가지로 기업도 소비자들에게 작은 관심을 받기 시작해 어느 순간 넘치는 사랑 속에 호황을 누리기도 하지만 그런 소비자의 사랑을 지속시키기 위한 노력을 게을리할 경우 소비자들은 매정하게 등을 돌리고 다른 회사의 상품을 찾게 된다(도입기 → 성장기 → 성숙기 → 쇠퇴기). 따라서 소비자의 사랑을 받고 그 사랑을 지속시키기 위해서 기업은 새로운 사업이나 상품·서비스 등을 만들어내고 개선하며, 각종 이벤트나 광고를 진행한다. 이렇게 안간힘을 써야 경쟁에서 살아남을 수 있기 때문이다.

기업은 기존 고객을 잘 유지하면서(집토끼 전략) 신규 고객을 끊임없이 확보하는 것이 숙명이고 이를 잘 조율해서 관리하는 것이 필수인 것이다.

기존 고객부터 잡아라! – 집토끼 전략

기업은 흔히 '잠금(Lock-in) 효과'로 불리는 '집토끼 전략'을 구사해서 안정적인 시장과 소비자를 확보해야 한다. 섣부르게 두 마리 토끼를 잡겠다고 경쟁자의 시장이나 소비자(산토끼)에게 눈독을 들이다가는 내 집에 있는 집토끼마저 잃고 만다. 그런데 집토끼를 확실하게 붙들어 매어두기 위해서는 안전한 보금자리와 먹을거리 등을 제공해줘야 한다. 언뜻 손해 보는 것 같아도 이런 노력을 기울이면 결국 집토끼는 새끼를 낳아서 수를 늘려준다. 게다가 안전과 먹이가 보장된다는 소문을 퍼뜨려서 산토끼를 유인해 오기도 한다.

이러한 업무를 주먹구구식으로 수행하면 마치 나침반 없이 항해하는 것처럼 우왕좌왕하다가 큰 실수를 저지르기 쉽다. 그래서 문제없이 업무를 진행하기 위해 미리 상황을 분석하고 계획을 세워 점검해보는 '기획'이라는 것을 실행하게 되는 것이다. 즉 기획이란 괜히 미리 이것저것 해보는 것이 아니라 효율적인 계획을 세움으로써 좀 더 성공적인 성과를 내기 위한 전략인 것이다.

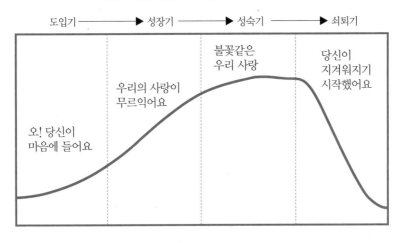

산업(사업·상품·서비스)의 라이프 사이클

도입기 ─────▶ 성장기 ─────▶ 성숙기 ─────▶ 쇠퇴기

불꽃같은
우리 사랑

당신이
지겨워지기
시작했어요

우리의 사랑이
무르익어요

오! 당신이
마음에 들어요

○월 ○일 기획 일기

기획의 1단계. 기획 과제에 대한 분석 단계 중 첫 번째. 왜 기획을 해야 할까?

왜 기획을 해야 하는지 그 이유에 대해 많은 고민을 했다. 그러고 보니 여태까지 기획을 도대체 왜 하는지도 모른 채 그저 시키니까 한 다는 생각으로 했던 것 같다. 그러니까 매일 수박 겉 핥기식이 될 수 밖에 없었던 것이다.

제대로 마음도 표현하지 못하고 어설프게 끝난 내 첫사랑처럼 기획이 실패로 끝나지 않으려면 사랑을 지속시키기 위한 노력을 해야 한다는 것을 알았다.

그래서 우리가 소비자에게 끊임없는 관심과 사랑을 받기 위해 고민을 하고 기획을 세웠다 엎었다 하는 거였구나.

1-2

주어진 과제를 제대로 분석해야
– 나초보의 솔로 탈출 대작전

어느 날 신상품개발팀의 진저리 팀장이 회의를 소집했다.

"다들 모였나요? 최근 우리 회사 상황이 좋지 않아요. 국내 경쟁사뿐만 아니라 외국 화장품 회사들의 공격적인 마케팅으로 인해 시장점유율이 자꾸 떨어지고 있습니다. 여기에 사장님께서는 병환 중에 계시고. 우리 팀이 뭔가 획기적인 상품을 내놓지 않으면 회사의 미래가 불투명한 상황입니다. 그래서 여러분의 창의적인 기획 아이디어가 필요합니다. 허심탄회하게 좋은 아이디어들 있으면 이야기해보세요."

진 팀장이 심각한 표정으로 회의실에 모인 팀원들을 둘러보며 회사 상황을 설명하자 모두들 긴장한 표정으로 서로 눈치만 보았다. 그러다 도도한이 가장 먼저 나서서 입을 열었다.

"요즘 사람들은 싫증을 잘 내니까 색이 시시각각 변하는 카멜레온 립스틱을 만들어보면 어떨까요? 예를 들면, 하나의 립스틱에 7가지

색을 입혀서 한 색을 다 쓰면 다른 색이 칠해지도록 하는 거죠. 여기에다가 은나노 기술을 이용해서 웰빙 기능을 가미하고 제품 포장을 최고급으로 아주 그럴듯하게 만드는 거예요. 거기다가 제품 출시 때 인기 연예인을 총동원해서 광고를 내면 소비자들은 뭔가 새롭고 대단한 제품이 나왔다는 분위기에 취해서 카멜레온 립스틱을 구매하게 될 겁니다."

'흠, 역시 도도한이 한 건 하는군. 괜찮은 아이디어 같은데?'

도도한의 의견이 그럴듯하다는 생각에 고개를 끄덕거리던 나초보는 이어지는 진 팀장의 날카로운 지적에 정신이 번쩍 들었다.

"도도한 씨! 그렇게 잘나가는 연예인들을 총동원하려면 비용이 엄청날 텐데, 립스틱 하나 팔아서 그 광고비를 어떻게 감당하나? 게다가 그런 온갖 기능을 다 제공하는 립스틱을 무슨 재주로 만드나?"

'듣고 보니 진 팀장 말도 일리가 있네.'

평소의 잔소리와 질책 때문에 나초보도 진 팀장이 진절머리가 나기는 하지만 그래도 이럴 때 보면 팀장 타이틀을 괜히 달고 있는 게 아니란 생각이 들었다.

"팀장님 말씀도 일리가 있습니다. 하지만 요즘 여자들은 명품이라면 사족을 못 쓰니까 아예 가격을 초고가로 매기고 광고만 잘하면……."

"그렇게 얕은 수로 당장 눈앞의 이익만 취하려고 하다가는 스스로 제 무덤을 파게 된다는 것을 명심하세요."

나초보는 진 팀장의 말이 얼마 전 자신이 고민한 내용과 일맥상통하는 것 같아 고개를 끄덕였다. 나초보는 갑자기 기획의 7단계 원칙이 생각나 용기를 내 손을 번쩍 들었다.

"새로운 개념의 획기적인 신상품을 개발하려고 하는데, 이렇게 뜬구름 잡는 식의 아이디어 회의로는 좋은 기획을 할 수 없을 것 같습니다."

나초보의 다소 당돌한 발언에 회의실이 순간 조용해졌다. 진 팀장의 싸늘한 눈빛이 나초보를 향했다.

"우선 우리가 해야 할 과업은 획기적인 신상품의 개발 기획입니다. 일단 기획 과업이 정리가 되었으니 관련 자료를 수집하고 분석하는 과정을 통해서 기본적인 아이디어가 도출될 수 있을 것입니다. 그후에 전략을 수립해서 구체적인 안을 마련하는 것이 순서라고 생각합니다. 시장에 대한 정보도 정확히 모르면서 어떤 상품을 기획할지를 토론하는 것은 기획의 순서가 뒤바뀐 것 같다는 생각이 듭니다."

나초보의 말이 끝나자 잠시 뜸을 들이던 진 팀장이 입을 열었다. 의외의 나지막한 목소리였다.

"좋은 지적이군. 내가 너무 급하게 서두르는 바람에 일의 순서가 뒤바뀐 감이 있네요. 그러면 말 나온 김에 나초보 씨가 관련 자료를 수집해서 분석 자료를 만들어보도록 하세요. 도도한 씨도 같이 도와서 작업하도록 하고."

"네, 알겠습니다. 팀장님."

'젠장, 팀장이 나를 씹고 나초보를 칭찬하다니. 이러다가 대리 승진 순위에서 밀리는 것 아냐? 뭔가 대책을 세워야겠어.'

주어진 과제를 제대로 분석해야
달성해야 하는 목표가 보인다

주어진 과제를 제대로 분석해야 무엇을 해야 할지 알 수 있다. 지금 오로라화장품은 회사의 재도약을 위한 새로운 개념의 신상품 개발이 필요한 상황이다. 이를 달성하려면 우선 시장 상황을 제대로 알아야 한다. 그래야 진정으로 '새로운 개념'을 제시할 수 있다. 이처럼 과제를 제대로 분석하고 이해하면 이후에 해야 할 일들과 목표를 정확하게 추려낼 수 있다.

그런데 개인뿐만 아니라 큰 조직에서조차 정체성이 명확하지 않고 모호한 목표로 인해 역량을 제대로 집중하지 못해서 성과를 끌어내지 못하고 지지부진하다 위기를 초래하는 경우가 많다.

목표는 항상 구체적이고 측정 가능하며, 실천적이고 현실적이며, 달성 기한이 있어야 한다(5대 원칙). 과제를 명확하게 분석하면 과제를 성공적으로 해결한 결과, 즉 원하는 목표를 제시할 수 있고, 이 목표를 명확하게 설정해야 목표 달성을 위한 올바른 방법, 즉 제대로 된 세부 실행 계획을 세울 수 있다.

스마트한 결과를 원한다면 5가지 원칙(SMART)을 활용하자

목표를 제대로 설정하기 위해서는 중요한 5가지 원칙(SMART)을 염두에 두어야 한다. 첫째, 목표는 구체적이어야 한다(Specific). 구체적인 목표를 설정해야 구체적인 결과를 가져올 수 있다. 둘째, 측정 가능해야 한다(Measurable). 측정할 수 있는 것이어야만 목표 달성 여부를 판단할 수 있기 때문이다. 셋째, 실천적이어야 한다(Action Oriented). 애매모호한 구호성 목표보다는 행동 지향적이고 실천적인 목표일수록 실현 가능성이 높다. 넷째, 현실적이어야 한다(Realistic). 다섯째, 달성 기한이 있어야 한다(Timely). 그래야 단계별로 진행을 할 수 있고, 가치를 인정받을 수 있는 '제시간'이라는 목표 달성 기준 시간이 생긴다.

기획의 7단계 과정을 상품 기획에 적용하기

구분	기획 요소	오로라화장품 신상품 기획
1단계	무엇을 왜 해야 하나? – 기획 과업의 정의	새로운 개념의 신상품 개발 기획안 – 회사의 재도약을 위한 전략
2단계	관련 자료의 수집 및 분석 – 시장 분석	소비자에 대한 자료 수집 및 분석 – 화장품 시장 현황 분석 – 경쟁사 동향(시장점유율, 신기술, 영업 전략 등) – 자사 분석(자사 제품의 장단점, 시장 상황, 자금·개발·영업 등 내부적인 역량)
3단계	기본적인 아이디어 도출 – 기본 전략 설정	– 차별화된 상품의 성공 요소 도출 – 제품의 이미지와 브랜드 결정 – 마케팅 기본 전략 설정
4단계	구체적인 전략 세우기 – 관련 부문별 세부 실행 계획 수립	– 생산·개발 계획 – 단계별 추진 일정 – 가격·영업·홍보 등 세부적인 마케팅 기획 – 자금·손익 계획

구분	기획 요소	오로라화장품 신상품 기획
5단계	문서로 정리하기 – 일목요연한 기획안 작성	기획안 개요 정리 세부 기획안 작성 및 보완
6단계	관련된 사람들에게 보고하기 – 프레젠테이션	의사 결정권자에게 기획안을 보고함
7단계	기획 사후 관리하기 – 실행 및 보완 작업	보고 후 기획안의 실행과 보완 등 사후 작업

○월 ○일 기획 일기

기획의 1단계. 기획 과제에 대한 분석 단계 중 첫 번째인 주어진 과제에 대한 분석.

기획의 7단계 과정을 이용하니까 해야 할 작업이 단계별로 정리가 되어서 업무의 골격을 잡기가 쉽네. 상품 기획뿐만 아니라 사업 계획이나 영업 기획, 홍보 기획, 이벤트 기획, 생산 기획, 인사 시스템 개발 기획, 생산성 향상 방안, 심지어는 쾌적한 근무 환경 조성을 위한 기획안 같은 온갖 분야의 기획에도 적용할 수 있겠구나.

1-3

선택과 집중
– 나초보의 장점은 살리고, 단점은 버리고

회사 근처 고깃집 '에이피그'. 나초보가 삼겹살을 구우면서 회의 시간에 있었던 일을 한 과장에게 열심히 설명하고 있다.

"아, 글쎄 회의 시간에 그랬다니까요. 한 과장님이 생각하기에는 도도한의 카멜레온 립스틱 아이디어 어때요?"

"음…… 글쎄. 내가 질문을 바꿔볼게. 만약 마음에 드는 여자가 나타난다면 나초보는 어떻게 해서 그녀의 마음을 사로잡을 거야?"

"글쎄요……. 일단 매일 헬스클럽에 가서 숨겨진 똥배와 작별을 해야겠죠? 뭐, 마술을 배워서 재미있게 해주는 것도 좋을 것 같고. 아, 그리고 멋진 차도 뽑아서 근사한 드라이브를 시켜줄 거예요. 옷도 좀 사서 멋도 내야 하고 그리고 선물도 많이 사주고……. 그런데 생각해보니 해야 할 것도 너무 많고 돈 들어갈 일도 천지네요."

나초보의 장황한 설명에 한 과장이 어이없다는 표정을 짓는다.

"그게 다 가능하겠어? 내가 장담하건대 아마 하나도 제대로 하는 것 없이 우왕좌왕하다 여자를 놓치게 될걸. 그래서 말이야, 기업에서의 사업 기획도 마찬가지야."

"그렇다면, 어떻게 해야 하죠?"

"슈퍼맨이 되려고 해서는 절대로 안 돼. 그렇게 할 수도 없을 뿐만 아니라 그러다 보면 능력이 분산되기 때문에 뭐 하나 그녀를 충족시켜주기 힘들 거야. 그리고 모든 것을 가식적으로 포장하려는 자세는 버려야 해. 중요한 것은 그녀가 좋아하는 어떤 것에 맞추어서 자신이 할 수 있는 것과 현실적으로 불가능한 것을 구분하는 거야. 그러고는 자신의 역량 내에서 장점을 최대한 살릴 수 있는 부분에 집중하는 거지. 그렇게 진심으로 성실하게 노력할 때 호감을 살 수 있는 거야."

"흠……. 진실하고 성실한 자세로 감동을 줄 수 있는 것을 '선택' 해서 '집중'을 하라는 말씀이시군요."

"그렇지, 회사에서 기획을 할 때도 마찬가지야. 예를 들어 '고급 외제차 같은 품격과 스포츠카 같은 화려한 디자인, SUV 같은 튼튼함에, 경차 같은 연비, 첨단 안전 시스템 등을 장착하고도 저렴한 가격의 자동차를 기획한다면 이건 분명히 대박이 날 거야. 와! 나는 천재야'라고 좋아한다면 그것은 기획이 아니라 '자동차의 제왕'이라는 소설을 쓰는 꼴이지. 기획자는 장황한 소설을 쓰는 사람이 아니라 꼭 필요한 것만 추려서 대안을 제시하는 '에센셜리스트(essentialist)'가 되어야 해."

"그렇다면 카멜레온 립스틱은 결국 소비자를 현혹하기 위해 가식적인 내용들만 몽땅 쓸어 넣은 '일곱 색깔 무지개'란 SF소설인 셈이네요."

"좋은 것만 갖춘 제품을 만들면 당연히 성공할 것을 누가 모르나? 그렇지만 현실은 생각과는 달라. 온갖 기능을 갖추려면 개발 과정에서 수없이 많은 문제에 직면할 것이고 당연히 가격도 엄청나게 비싸지겠지. 반대로 단순한 기능에 저렴한 가격을 위주로 상품을 기획한다면 품격이나 불필요한 기능을 포기해야 하는 것이 현실이야. 물론 얕은 수로 교묘하게 포장해 소비자를 속이는 경우도 있지만 그런 식으로 소비자를 기만하다가는 언젠가 탄로가 나서 시장에서 퇴출되고 말지."

TIP

꼭 필요하지 않은 것은 다 버려라 – 에센셜리즘(essentialism)

컨설턴트인 그레그 맥커운(Greg Mckeoun)은 '에센셜리즘'을 주창한 것으로 유명한데, 이는 어떤 과업을 수행할 때 최소한의 것만을 추구해서 가장 본질적인 목표에 집중하자는 것이다. 개인이나 기업이 '지금 제대로 된 중요한 일에 시간과 자원을 투자하고 있는가?' 하는 질문을 끝없이 던지면서 본질적인 핵심을 찾아내고 핵심이 아닌 것들은 구분해서 버리는 선택과 집중을 해야 한다는 것이다. 한 분야에서 일가를 이룬 개인이나 기업이야말로 이런 에센셜리즘을 끊임없이 실행한 에센셜리스트라고 할 수 있다.

기획의 핵심 포인트는
선택과 집중이다

상품 기획의 시작은 시장의 변화와 요구를 파악해 소비자를 만족시킬 수 있는 가치를 지닌 상품이나 서비스를 창출하는 것이다. 그러기 위해서는 누구를 대상으로, 어떤 부분을 부각시켜 어떻게 어필할 것인지를 먼저 결정해야 한다. 그리고 이에 집중하기 위해서 무엇을 희생하고 무엇을 더욱 보강해야 하는지 파악해야 한다. 즉 제한된 자원에 대한 취사선택 과정을 거쳐야 하는 것이다. 이를 간과하거나 얕은 수를 부려 마치 모든 것이 가능한 듯 기획을 하면 당장은 그럴듯해 보일지 몰라도 결국에는 현명한 소비자들로부터 외면을 받게 된다.

그리고 일반적으로 상품 기획이라고 하면 기존에 존재하지 않았던 새로운 상품을 기획하는 것이라고만 생각하기 쉬운데 절대로 그렇지 않다. 상품 기획에는 말 그대로 신상품을 개발하는 기획 외에도, 기존의 상품을 보완하거나 상품의 계열을 다양화하는 기획도 포함된다.

예를 들면, 새로운 기능과 디자인의 '홀라홀라' 스마트폰을 기획하는 것은 신상품 기획이고, 이미 시장에 나와 있는 '울라울라' 스마트폰의 버튼과 배터리 문제를 해결한 제품인 '울라울라-Ⅱ'를 기획하는 것은 기존 제품을 보완하는 기획이다. 그리고 같은 '울라울라' 제품을 '울라울라-16G/32G'처럼 메모리 용량별로 구분해 기획을 진행하는 것은 제품 계열을 다양화하는 기획이라고 할 수 있다.

성공적인 상품 기획을 위해서는 신상품 기획을 잘하는 것도 물론 중요하지만 더 중요한 것은 기존 제품에 대한 소비자들의 불만을 수렴해 상품 기획에 적용하는 일이다. 신상품 기획이라고 해서 무조건 무에서 유를 창조해야 한다는 강박관념에서 벗어날 필요가 있다. 시장의 요구와 해당 기업의 상황에 맞게 기존의 상품을 보완하거나 기능을 추가하고 제품 계열을 다양화하는 기획을 병행할 수도 있다는 유연한 사고를 가져야 한다.

○월 ○일 기획 일기

진실하고 성실한 자세, 그리고 '선택'과 '집중'이라. 기획을 할 때, 어설프게 이것저것 남 흉내 내다 망신만 당하는 공상 과학소설을 쓸 게 아니라 내가 가진 자원 내에서 선택과 집중을 해야겠군.

내가 어설프게 도도한 같은 냉혈한 카사노바 흉내 내봐야 오히려 역효과만 날 게 뻔해. 나는 내 스타일대로 가야겠다.

2

기획의 2단계

– 관련 자료의 수집 및 분석(시장분석)

경제적 · 사회적인 시장 환경의 변화를 제대로 분석하지 못하면 아무리 좋은 기획을 만들어내도 외부적인 요인으로 인해 고전하거나 뜻하지 않은 실패를 겪게 된다. 그러므로 시장 환경 분석은 성공적인 기획을 위해서 반드시 챙겨야 하는 일기예보인 셈이다.

시장 환경 분석
– 요즘 여자들은 어떤 남자들을 좋아할까?

"안녕하세요, 진 팀장님."

"아, 안녕하세요. 전략기획팀 한 과장이 우리 팀에는 어쩐 일로?"

한 과장이 신상품개발팀을 찾았다.

"다름이 아니라 이번에 마케팅팀 주관으로 명동의 직영 매장 리모델링에 대한 회의를 하거든요. 신상품개발팀도 같이 참석하면 좋을 것 같아서요. 팀장님 의견은 어떠신지요?"

"당연히 협조해야지요. 우리 팀에서는 도도한 씨와 나초보 씨가 요즘 신상품 개발 때문에 자료를 수집 중이니까 두 사람이 참석하면 좋을 것 같네요."

"곧 회의가 있어 지금 출발하려던 참인데, 그럼 두 사람 지금 갈 수 있나요?"

"네. 그렇게 하죠. 도도한 씨, 나초보 씨, 한 과장 따라서 명동 매장 분위기 파악도 하고 매장 리모델링 회의에도 참석해보도록 해요.
이게 다 경험이니까."

"넵. 알겠습니다. 다녀오겠습니다!"

나초보는 한 과장과 동행하는 터라 일하는 데 더 힘이 나는 듯했다.

"알겠습니다."

'젠장, 사무실에서 할 일도 많은데 뭘 그런 거까지 시키고 그래.'

진 팀장의 지시가 못마땅한지 도도한은 마지못해 자리에서 일어
났다.

거리의 붐비는 인파에 비해 매장 안은 의외로 한산했다. 화려하고
역동적인 거리 분위기에 어울리지 않는 매장 인테리어로 인해 분위
기가 더욱 가라앉는 것 같았다.

"흠. 전체적으로 좀 침체된 분위기인 것 같네요."

"응, 좀 그런 감이 있지."

한 과장과 나초보가 매장 느낌에 대해서 이야기를 나누고 있는데
마케팅팀 직원들이 알아보고는 다가와 인사를 했다.

"안녕하세요? 한 과장님. 어? 신상품개발팀에서도 오셨네요. 둘
러들 보셨으면 이제 회의실로 가실까요?"

매장 3층에 있는 회의실에 들어서자 마케팅팀 팀원들과 매장 담
당자들 외에도 낯선 얼굴들이 몇 눈에 띄었다. 그중 한 사람이 나초
보의 눈길을 사로잡고 놓지 않았다.

'아, 저 여자는?'

얼마 전 한 과장에게 이끌려서 인라인스케이트를 타러 갔다 본 그 빨간 티셔츠 아가씨였다. 그녀가 이번엔 말쑥한 정장을 하고서 나초보네 회사 직영 매장 회의실에 나타난 게 아닌가? 도도한은 그녀를 재빠르게 위아래로 훑어보았다.

자신을 쳐다보는 두 사람의 평범하지 않은 눈길에 그녀가 잠시 머뭇거린다. 그때 마케팅팀의 정 과장이 와 그녀와 일행을 소개한다.

"이쪽은 이번에 매장 리모델링 공사를 맡아서 해주실 분들입니다."

"반갑습니다. '싱글즈디자인'의 이사 이범수라고 합니다. 그리고 이분은 실무를 맡아주실 한나난 씨입니다. 잘 부탁드립니다."

간단한 인사가 끝나고 매장 리모델링에 대한 회의가 시작되었지만 나초보는 회의에 집중하지 못했다.

'나난……. 이름이 한나난이구나. 그때 그녀가, 나를 보고 웃던 바로 그녀가, 지금 바로 내 앞에 앉아 있어. 가슴이 왜 이리 뛰지?'

회의에서 한나난은 현재 매장 인테리어의 문제점과 향후 개선 방향에 대해 프레젠테이션을 했다.

"……따라서 결론적으로 말씀드리면 매장의 중년 이미지를 없애는 게 가장 시급하다고 생각합니다. 그래서 지금처럼 중후한 분위기를 탈피해 젊고 세련되면서도 고급스러운 분위기로 이번 리모델링의 핵심 콘셉트를 잡아봤습니다."

한나난은 논리 정연한 자료를 제시하며 또랑또랑한 목소리로 발표를 이어갔다. 회의에 참석한 대부분 사람들이 고개를 끄덕이면서 공감했다.

"제 의견은 좀 다른데요."

도도한만이 그녀가 발표한 주장에 반박하고 나섰다. 한동안 도도한과 그녀 사이에 설전이 오고 갔다. 결국 다른 사람들이 끼어들어 좀 더 자료를 검토한 후에 다시 리모델링 콘셉트를 결정하자는 쪽으로 의견이 모아졌다.

회의가 끝난 뒤, 참석자들은 근처 '실미도'라는 횟집으로 자리를 옮겼다. 나초보는 한나난 건너에 자리를 잡고 앉았다.

"저, 혹시 얼마 전에 한강 고수부지에서 빨간 티셔츠 입고 인라인스케이트 타지 않으셨나요?"

"네, 맞아요. 그런데 그걸 어떻게 아시죠?"

한나난은 깜짝 놀랐다.

"저도 그날 인라인스케이트 타러 한강에 갔었거든요. 그때 제 쪽을 보고 웃기도 하셨는데."

"그랬나요? 전 오늘 처음 뵙는 것 같은데."

어느새 도도한이 끼어들어 한나난에게 악수를 청했다.

"아까는 미안했습니다. 업무상 제 소임을 다하기 위해 할 말을 한 것뿐이지 개인적인 감정은 전혀 없습니다."

"네, 충분히 이해해요. 그런 걱정은 하지 마세요."

도도한은 자연스럽게 한나난 옆자리에 자리를 잡고 앉았다. 도도한과 한나난이 웃으면서 이런저런 대화를 나누는 모습을 바라보며 나초보는 옅은 고독감을 느꼈다. 나초보는 말없이 소주잔만 연거푸 비웠다.

다음 날 내내 숙취에 시달리던 나초보는 퇴근 무렵이 되어서야 한 과장을 찾았다.

"여자들은 다 똑같아요. 겉보기에 번지르르한 남자들만 좋아해요."

"난데없이 그게 무슨 소리야?"

"그냥 다 그런 것 같아요. 주위를 보면……."

"나초보, 혹시 '사자가 사냥하는 모습을 보려면 동물원이 아니라 아프리카로 가라'는 말 들어봤어?"

"사자가 사냥하는 모습을 보려면 동물원이 아니라 아프리카로 가라고요? 당연한 거 아닌가요?"

"그래. 주위에서 본 여자들 몇 명으로 여자들은 다 어떻다고 이야기하는 것은 동물원에서 본 사자를 보고 모든 사자는 다 어떻다고 이야기하는 거랑 같은 게 아닐까?"

"무슨 말씀인지 알겠어요."

나초보는 그래도 풀이 죽은 목소리다.

"신상품 기획에 필요한 자료 수집할 생각은 안 하고 뜬금없이 세상 여자 어쩌고저쩌고 그런 고민만 하고 있는 거야?"

"그건 아니에요. 전에 한 과장님이 알려준 대로 인터넷으로 〈화장품산업백서〉와 협회 홈페이지, 관련 기관 등에서 여러 통계 자료들을 찾아봤어요. 그리고 언론사와 광고 회사, 기업 경제 연구소 등에서 빅 데이터 등에 기반한 조사 보고서들을 토대로 각종 화장품 산업의 현황과 요즘 여성들의 의식 변화 등에 대한 자료들도 찾아났다고요."

"어, 그래?"

"그뿐인 줄 아세요? 여자들이 자주 가는 백화점이나 화장품 매장, 옷 가게 같은 데도 직접 돌아다니면서 조사해봤어요. 그리고 여자 선후배들 쫓아다니며 그럭저럭 인터뷰도 했다고요. 여기저기 돌아다니느라 얼마나 힘들었는데요."

"정말 발로 뛰면서 조사를 했군. 다수의 소극적인 의사 표현에 동조하여 맛도 없는 음식점으로 몰려가는 일(애빌린의 역설)은 없겠어."

보고 듣는 게 항상 진실은 아니다
-애빌린의 역설(Abilene's paradox)

미국 텍사스에서 일행 중 누군가 애빌린에 가서 외식을 하자고 제안했다. 별생각 없이 또 다른 누군가가 맞장구를 쳤고 나머지 사람들은 모두가 동의하는 줄 알고 따라 나섰다. 하지만 한여름 땡볕에 에어컨도 안 나오는 차를 타고 먼지를 뒤집어쓰며 100킬로미터를 달려간 식당은 형편없었다. 식당을 찾은 모두에게 최악의 경험이었다. 이를 두고 애빌린의 역설(Abilene's paradox)이라고 한다.

애빌린의 역설은 '상대방은 이럴 것이다' '설마 그러진 않겠지' '분위기 깨기 뭐해서' 등등의 이유로 어떤 정보에 대해 지레짐작을 하고는 본인의 입장을 제대로 표현하지 못한 채, 결국은 아무도 원치 않았던 최악의 결정과 행동을 하는 집단 행위를 말한다. 이런 경우 성과는 극히 미미하고 나중에 잘못된 상황이었음을 깨달았을 때는 이미 어이없는 행동과 판단으로 한심한 결론에 도달하게 된 후다.

한 과장은 나초보가 이제 기획의 2단계 과정인 '자료 수집 및 분석 단계의 정확한 자료 수집'을 어느 정도 이해했다고 생각하고 자료를 어떻게 분석했는지 나초보에게 설명해보라고 했다.

"네, 일단 화장품 산업의 국내시장 규모는 최근 2, 3년간 정체 상태입니다. 그 와중에 저가 화장품 업체와 고가 수입 화장품 업체가 새로이 진입하고 시장을 양분하여 점유하면서 저희 회사 같은 기존 화장품 업체들이 고전하고 있는 것이 사실입니다."

한 과장은 나초보의 진단이 적절하다고 판단했다.

"그 이유는?"

"무엇보다 소비자의 의식 구조가 많이 달라졌기 때문입니다. 결혼하지 않고 혼자 살아가는 독신 여성이 늘어나면서 여가나 취미 생활에 대한 수요가 급증하고 있더라고요. 그래서 비슷한 취미를 가진 동호회를 중심으로 여가 활동이 활발해지는 추세더군요. 특히 요즘 여성들은 굉장히 활동적이고 적극적이어서 야외 레포츠나 스포츠에 많이 참여하고 있습니다."

한 과장은 나초보의 모습을 보면서 하루가 다르게 발전하는 그가 매우 대견했다.

'역시 내가 사람은 제대로 본 것 같아. 조금만 더 이끌어주면 아주 쓸 만하겠어.'

하지만 한 과장은 정색을 하고 말했다.

"그런데 그런 자료는 경쟁사에서도 얼마든지 구할 수 있어. 그러니까 그런 분석만으로는 충분하질 않아. 그래, 자료 분석을 통해서 나름대로 어떤 점을 알게 되었고 어떤 아이디어가 떠올랐지?"

"현재와 같이 기존 시장이 포화된 환경에서는 새로운 시장, 즉 흔히 말하는 블루 오션을 만들어내야 할 것 같습니다. 그래서 뭔가 획기적인 아이디어가 없을까 고민해봤는데요. 지난번에 한강 고수부지에 갔을 때 운동하는 여성들을 보니까 얼굴이 얼룩덜룩한 사람들이 꽤 있더라고요. 화장이 땀에 범벅이 돼 그런 거예요. 그렇게 야외에서 운동을 하다 보면 피부 트러블이 생길 소지가 많잖아요. 그런데 아직까지는 자외선 차단 크림 외에는 딱히 이렇다 할 상품이 없는 것 같습니다. 그래서 운동을 자주 하거나 취미인 여성들을 위한 기능성 화장품을 개발해보면 어떨까 하는 생각이 들었습니다."

"아이디어 괜찮은데? 나초보가 그렇게도 젊은 여성들에게 관심이 많더니 결국 그쪽 분야에서 좋은 아이디어가 나왔군."

"감사합니다."

"그래, 이 아이디어를 좀 더 구체적으로 추진해보면 좋을 것 같아. 일단은 지금까지 정리된 내용으로 보고서를 작성해보도록 해봐."

"보고서는 어떤 식으로 작성해야 할까요?"

"일단 몇 가지 원칙만 알면 간단한 기획 보고서는 쉽게 작성할 수 있어. 가장 기본적인 원칙은 '개요 → 현황1, 현황2 …… → 전략적 대안 → 결론'의 순서로 문서를 만드는 거야. '개요'에는 문서에서 보고하고자 하는 내용이 무엇인지 개괄적인 설명을 담고, '현황'에선 관련된 현재 상황을 각종 통계나 조사 자료 등을 통해서 제시하면 돼. 그다음 그 현황에 대해 '전략적으로 고려해야 할 대안'을 제시하고 마지막으로 이를 요약한 '결론'을 적시하면 되는 거야."

나초보는 그날 깊은 밤까지 자신이 조사한 시장 환경에 대한 자료를 기초로 〈신상품 개발을 위한 시장 환경 분석〉이라는 보고서를 작성했다.

신상품 개발을 위한 시장 환경 분석

1. 개요
최근의 화장품 시장 현황과 여성의 의식 및 생활환경 등 시장 환경에 대한 포괄적인 분석을 통해 신상품 개발을 위한 기본 전략을 설정.

2. 최근 화장품 산업 시장 현황
- 화장품 산업의 국내시장 규모는 최근 2~3년간 정체 상태임.
- 저가 화장품과 고가 수입 화장품 업체의 부상으로 시장이 양극화되면서 자사의 시장점유율이 계속해서 낮아지고 있는 상황임.
- 중·장년 여성용이라는 자사의 브랜드 이미지 때문에 신세대 소비자들에게 외면당하고 있음.

3. 최근 젊은 여성들의 의식 및 생활 현황
- 호주제의 폐지나 직장 내 성차별 금지 등의 사회제도적 환경이 여성들을 더욱 적극적이고 능동적인 주체로 만들고 있음.

- 서른 살이 넘어서도 결혼하지 않고 씩씩하게 살아가는 TV 연속극 여주인공에 열광함.
- 가정에 얽매이기보다는 당차게 자신의 일을 성취해나감.
- 다양한 문화, 스포츠 활동에 적극적임.
* 이러한 영향으로 레저 스포츠 활동에 적극적인 여성들이 증가하고 있는 추세임.(최근 3년간 인터넷 포털 스포츠 동호회 여성 회원 수 3배 이상 증가)

4. 전략적 대안
자사의 브랜드 이미지를 개선함과 동시에 성장이 정체된 시장에서 신규 수요를 창출하기 위해서는 새로운 개념의 신상품 개발이 절실함.
이를 위한 하나의 방안으로, 최근 여성들의 의식 및 생활환경 변화로 증가하고 있는 여성 스포츠 인구를 겨냥한 기능성 스포츠 화장품 개발과 시장 개척 전략이 필요.

5. 결론
기능성 스포츠 화장품 개발을 통해 새로운 시장을 창출하고 시장을 선점해야 함.

* 기타: 후속 조치로, 기능성 스포츠 화장품 개발에 대한 필요성 인식과 관련 세부 자료 조사를 통해 성공 가능성을 냉정하게 가늠해볼 필요가 있음.

기획의 일기예보,
시장 환경 분석

시장 환경 분석은 기업 환경에 영향을 주는 정부의 정책, 경제 동향, 사회·문화적인 트렌드, 기술 환경 등 넓은 의미의 외부 요인들을 종합적으로 분석하는 것이다. 이러한 분석이 필요한 이유는 성공적인 기획을 위한 큰 흐름을 파악하기 위해서다.

날씨를 예로 들어보자. 아무리 좋은 이벤트를 기획했다 해도 강우로 인해 행사에 차질이 생기기도 하고, 반면에 뜻하지 않는 폭염으로 에어컨이나 빙과류 판매가 증가하기도 한다.

이처럼 외부적인 이유로 인해서 뜻하지 않는 피해를 보거나 반대로 어부지리를 취할 수도 있다. 그래서 뜻하지 않은 외부 요인으로 인한 실패를 사전에 방지하고 유리한 요인을 잘 활용할 수 있도록 되도록 넓은 시야로 시장 주변을 돌아보는 것이 바로 시장 환경 분석이다.

법과 같은 제도도 마찬가지다. 성인과 미성년자의 구분이 필요한 사업의 경우, 20세 이상을 성인으로 규정하던 법조항이 19세로 완화되면서 신규 고객층이 형성되었다. 반대로 자판기 회사와 담배 회사는 자판기에서 담배를 팔지 못하게 하는 법 조항으로 사업에 타격을 입게 되었고, 최근에는 공공장소에서의 흡연에 대한 단속이 강화됨에 따라 사업이 더욱 위축되고 있다. 따라서 이들은 새로운 판로를 개척해야 하는 위기 상황에 직면하게 되었다. 또 외환 위기, 미국발 금융 위기 때에는 전반적인 소비 시장이 얼어붙어 긴축이나 절약과 관련된 사업은 번창하고 소비·향락 사업은 타격을 입기도 했다.

이와 같이 경제·사회적인 시장 환경의 변화를 제대로 분석하지 못하면 아무리 좋은 기획을 만들어내도 외부 요인으로 인해 고전하거나 뜻하지 않은 실패를 겪게 된다. 그러므로 시장 환경 분석은 성공적인 기획을 위해서 반드시 챙겨야 하는 일기예보인 셈이다.

○월 ○일 기획 일기

기획의 2단계. 관련 자료의 수집 및 분석을 위한 단계 중 시장 환경에 대한 분석.

제대로 된 기획을 하려면 관련 시장의 상황이 어떤지 알아야 커다란 그림을 그릴 수 있다. 화장품 관련 시장과 요즘 젊은 여성들의 의식과 생활환경에 대해서 분석해보니까 어떤 전략을 짜야 할지 어렴풋이 힌트가 보이는 것 같다.

한 과장님 말씀대로, 어떤 보고서든지 개요 → 현황 → 대안 → 결론의 순서로 내용을 정리해야 하는 것을 잊지 말자. 적어놓아야겠다.

1. 개요
2. 현황
    2-1. 현황 A
    2-2. 현황 B
      ......
3. 전략적 대안
4. 결론

소비자 분석을 위한 준비
– 언제 어디서 무엇을 조사할 것인가?

진저리 팀장을 비롯한 신상품개발팀원들이 모두 모여 나초보와 도도한의 발표에 귀를 기울이고 있다.

먼저 도도한이 자신이 조사하고 분석한 자료를 설명했다.

"……따라서 결론은 최근 유행하는 저가형 제품을 우리 회사도 서둘러 개발해야 한다는 것입니다. 다시 말해 요즘 붐을 일으키고 있는 N사처럼 전국적으로 저가 화장품을 판매하는 별도의 매장을 열어 저가형 제품을 유통시켜야 합니다. 더 늦기 전에 우리 회사의 자본력을 앞세워 N사의 방식을 벤치마킹한다면 충분히 승산이 있다고 생각됩니다."

도도한의 발표가 끝나고 나초보의 신상품 개발을 위한 시장 환경 분석 보고 발표가 이어졌다.

"……다양한 자료와 이를 통한 분석을 통해서도 알 수 있듯이 여성들의 의식과 생활환경의 변화에 따른 기능성 스포츠 화장품이 새로운 시장으로 부상할 거라고 예상됩니다. 따라서 이 블루 오션 시장을 선점하면 이것이 기존 우리 회사가 점유하고 있는 전통적인 화장품 시장에 더해져 전체 화장품 시장을 선도할 수 있을 거라고 판단됩니다."

나초보의 발표가 끝나자 두 사람의 다소 상반된 분석 결과에 신상품개발팀 팀원들은 의견이 분분했다. 한참 후 진 팀장은 회의를 정리했다.

"두 사람의 분석 모두 좋았어요. 그런데 두 사람 발표 모두 약간의 문제가 있습니다. 우선 도도한 씨. 가뜩이나 우리 화장품 브랜드가 아줌마 분위기가 난다는 게 업계 중론인데 그런 저가 브랜드를 개발해서 판다면 우리 회사 제품이 전체적으로 낡고 싸구려라는 이미지로 인식될 가능성이 큽니다. 게다가 유통망을 확대하려면 그 인력이나 비용도 막대할 겁니다. 따라서 좀 더 추가적인 분석에 의한 다른 전략이 필요할 것 같습니다. 도도한 씨는 영업팀의 협조를 얻어서 유통 쪽 자료를 보완해 다시 시장 환경을 분석해보도록 하세요."

진 팀장이 조목조목 문제점을 지적하자 도도한의 표정이 일그러졌다.

'이런, 일만 더 많아졌네. 요즘은 진 팀장 입맛 맞추기가 힘들군.'

"나초보 씨 분석의 결론은 기능성 스포츠 화장품이라는 검증되지 않은 새로운 상품의 출시와 분야로의 진출인데, 이 경우 처음 시도하는 것이기 때문에 충분한 소비자 분석이 필요합니다. 마케팅팀에서 조만간 고객 사은 이벤트를 한다니까 그때 기능성 스포츠 화장품에 대한 설문 조사를 병행해 좀 더 구체적인 소비자들의 의견을 수렴해 보는 게 좋을 것 같군요. 내가 마케팅팀에 협조 요청을 할 테니까 나초보 씨가 그쪽이랑 협력해서 한번 소비자 분석을 해보도록 하세요. 우선 기능성 스포츠 화장품에 대한 수요 조사 기획안을 작성해서 어떻게 진행할 것인지 보고하세요."

진 팀장의 후속 작업에 대한 지시를 끝으로 회의는 마무리되었다. 회의실에서 나와 제자리로 돌아가던 나초보가 발걸음을 멈추었다.

"어머, 안녕하세요?"

한나난이 활짝 웃으면서 나초보에게 인사를 건넸다. 돌발 상황에 나초보가 한나난에게 얼른 인사도 건네지 못하고 머뭇거리고 있는데, 어느새 도도한이 다가와 한나난에게 아는 체를 했다.

"여, 나난 씨, 또 보네요. 여기는 어쩐 일로? 오늘따라 더 예뻐 보이시네요. 저번보다 더 날씬해지신 것도 같고. 혹시 다이어트하세요?"

"어머, 아닌데요. 마케팅팀이랑 매장 리모델링 때문에 협의할 게 있어서 왔어요. 정말 살 좀 빠진 것 같아요?"

"그렇다니까요. 언제 한번 저녁이나 같이 해요. 아, 마케팅팀은 이쪽이에요."

도도한이 한나난에게 조금씩 다가가는 게 물 흐르듯 자연스럽다. 그 모습을 보고 있노라니 나초보는 자신도 모르게 어깨가 축 처진다.

"나초보, 왜 이렇게 힘이 없어?"

"아무것도 아니에요. 그나저나 기능성 스포츠 화장품에 대한 수요 조사를 하라는데, 일전에 알려주신 '개요→ 현황 → 대안→ 결론'의 일반적인 기획안 구성으로는 그림이 잘 안 그려져서요. 이런 경우에는 어떤 식으로 하면 좋을까요?"

"수요 조사를 위해 소비자 분석을 하려면 설문 조사를 해야 할 것이고, 그렇다면 이건 행사성 기획이 될 거야. 행사성 기획은 보통, '개요→ 기대 효과→ 실행 방법→ 일정(장소)→ 비용→ 첨부(기타 참고 자료)'의 순서로 정리하면 돼. 자세한 것은 나중에 또 알려줄 테니까 일단 이런 식으로 기본적인 기획안 틀을 구상해보도록 해봐."

"행사성 기획안은 세부 항목이 조금 다르네요?"

"그렇지, 구체적인 활동과 관련된 내용들이 기획안의 주요 항목이 되는 거지. 이런 식으로 한번 작성해보면 다른 행사 기획에도 조금씩 수정해서 쉽게 적용할 수 있어."

"아, 그렇군요!"

기능성 스포츠 화장품에 대한 수요 조사 기획안
-자사 고객의 소비자 분석 기준

1. 개요
최근 여성들의 적극적인 사회참여와 주 5일제 근무 정착으로 여가 시간이 늘고 더불어 여성들의 레포츠 활동이 증가함에 따라 이들에게 맞는 기능성 스포츠 화장품에 대한 수요가 대두되고 있음.

이러한 수요에 대한 기초적인 소비자 분석을 실시하여 향후 신상품 기획의 전략적 가능성 파악과 상품 개발 전략 방안을 제시하고자 함.

2. 기대 효과

기능성 스포츠 화장품에 대한 기본적인 수요 파악으로 향후 자사 신상품 개발 전략의 방향을 설정하는 기초 자료로 활용.

3. 실행 방법

- 기본적인 수요 조사이므로 많은 자원을 투여하여 전문적이고 독자적으로 실시하기보다는 자사의 이벤트와 연계하여 실시하는 것이 바람직함.
- 타 이벤트 실시 시 추가적인 사은품을 내걸고 관련 내용에 대한 설문 조사를 자사 인터넷 홈페이지에서 실시.
- 온라인 설문의 한계를 극복하기 위해 자사 직영점을 통해서 오프라인 설문 조사를 병행하여 조사 표본의 차이로 인한 오류를 줄이도록 함.

4. 일정(장소)

××년 ○월 중순으로 예정된 마케팅팀의 사은 행사 이벤트 실시 시 동시 진행.

* 비고: 마케팅팀과 사전 업무 협조 필요.

5. 비용

3,000원(휴대폰 케이스)×1,000개 = 3,000,000원

(설문 참여도를 높이기 위해서 지급하는 사은품 비용)

* 비고: 기본적인 행사 비용은 마케팅팀의 예산으로 집행할 수 있음.

* 첨부 : 세부 설문 항목.

○월 ○일 기획 일기

기획의 2단계. 관련 자료의 수집 및 분석을 위한 단계 중 소비자 분석.

소비자 분석을 하기 위해서는 먼저 무엇을 어떻게 실행할 것인지부터 준비해야 한단다. 오늘은 한 과장님께 일정이나 비용, 방법, 효과 등을 미리 예상해보고 이를 수행하기 위한 기획 방법에 대해 배웠다.

* 행사성 기획안에 들어갈 내용
1. 개요
2. 기대 효과
3. 실행 방법
4. 일정(장소)
5. 비용
* 첨부(참고가 되는 세부 내용)

소비자 분석
- 그녀는 어떤 음악, 영화, 음식을 좋아할까?

나초보는 마케팅팀의 협조를 받아 고객 사은 행사 때 기능성 스포
츠 화장품에 대한 설문 조사를 실시했다. 그런데 막상 서류에 있는
정보만으로는 무언가 부족한 듯 답답함을 느꼈다. 그래서 나초보는
얼마 전 가입한 인라인스케이트 동호회 모임에 참석해서 직접 미래
의 소비자와 부딪쳐보기로 했다.

"비켜요!"

아슬아슬하게 인라인스케이트를 타던 나초보가 넘어지면서 앞에
있던 여성 행인들을 덮쳤다.

"악! 미쳤어요!"

"앞 똑바로 보고 다녀요! 어머, 완전 변태 아냐!"

졸지에 나초보와 함께 넘어진 여성들이 나초보의 얼굴을 보고는

또 한 번 기겁을 하며 소리를 질러댔다.

"그게 아니라, 오해예요, 오해!"

여자들의 비명 소리에 사람들이 모여들었다. 여기저기서 나초보의 얼굴을 가리키며 수군댔다. 그때였다. 사람들 속에서 아는 얼굴이 보였다.

"나초보 씨, 여기서 뭐하세요? 어머! 얼굴은 왜…… 왜 화장을 하고…….''

"아! 나난 씨! 그게 아니라, 신상품 개발 때문에 화장품 소비자 분석하느라……. 직접 체험해보려고 한번 해본 건데…….''

"저기요, 이분 이상한 사람 아니에요. 저희 거래처 분인데 화장품 회사 다니시거든요. 시장조사 나왔다가 직접 체험해보려고 화장한 거예요.''

한나난의 설명에 모여 있던 사람들은 한바탕 깔깔깔 웃고는 하나둘 흩어졌다.

"아무리 조사도 좋다지만 이게 뭐예요? 얼굴에 이렇게 떡칠을 하고서 덤비니 여자들이 기겁을 할 수밖에요. 이리 오세요. 이걸로 좀 닦아내세요. 소비자 조사도 좋지만 어떻게 직접 화장할 생각을 다 하셨어요? 대단하시네요.''

"이번에 기능성 스포츠 화장품을 기획하는데 소비자들이 어떻게 느끼는지 직접 알아보려고요.''

"그랬군요. 나초보 씨 보기와 다르게 적극적이고 대담한 면이 있네요? 그런데 기능성 스포츠 화장품, 그게 뭐죠?''

한나난은 이전까지 나초보를 그냥 조용하고 평범한 사람으로 생각했다. 그런데 자기 일에 최선을 다하는 모습에서 조금 호감을 느꼈다.

"스포츠나 레포츠를 즐기는 여성들을 위한 화장품입니다. 기존 제품들에 포함된 기능이라는 게 자외선 차단 정도밖에 없잖아요. 그래서 자외선 차단뿐 아니라 땀과 바람, 황사나 미세 먼지 등으로부터 피부를 보호해줄 수 있는 제품을 기획해보려고요."

"그래요? 그것 참 좋은 아이디어네요. 사실 저도 운동하면서 가장 신경 쓰이던 부분이 피부였는데…… 화장하고 운동하면 화장이 뭉치거나 얼룩지기 쉽거든요. 그렇다고 자꾸 덧칠하면 갑갑한 느낌이 들고…… 피부가 상하는 것도 걱정이에요. 그렇다고 바깥에서 맨 얼굴로 운동하기도 좀 그렇고……."

한나난은 나초보의 열의에 감동해, 한 명의 소비자로서 자신이 운동하면서 화장 때문에 겪은 애로 사항을 이것저것 이야기해주었다.

"네. 저도 직접 화장을 하고 운동해보니까 여성들의 기분을 조금 알 듯도 싶어요. 아무튼 현장에서 직접 소비자들이 원하는 것이 무엇인지 느끼고 생생한 목소리를 들으니 어떤 점에 중점을 두어야 할지 감이 오네요. 나난 씨 덕분에 오늘 '미션 임파서블'은 성공이에요. 고마워요."

"미션 임파서블이요? 영화 좋아하시나 봐요?"

"네, 저 영화 보는 거 무척 좋아하거든요."

"그래요?"

영화 이야기가 나오자 갑자기 그녀가 눈을 반짝였다. 두 사람은 시간이 어떻게 가는 줄도 모른 채 공원 벤치에 나란히 앉아 영화에 관한 이야기들을 나눴다. 나초보는 이날 그녀가 영화를 무척 좋아한다는 것과 영화 이야기를 하면 쉽게 공감대가 형성되어 그녀와 떨지도 않고 오래 이야기할 수 있다는 것을 깨달았다.

처음에는 콧대도 높고 자존심도 센 사람처럼 보였는데, 막상 이야기를 나눠보니 솔직하고 남을 배려할 줄 아는 사람이었다. 그러면서 나초보는 막연히 모든 여성들에게 어필하는 이상형이 아니라 한나난이라는 여자가 좋아하는 남자가 되었으면 하고 바랐다. 그런 생각들을 하던 어느 순간에 나초보는 무릎을 쳤다.

'이래서 소비자 분석이 중요한 거구나. 20대 여성들이 좋아하는 일반적인 이상형에 두루뭉술하게 자신을 맞추려고 무리하다 실패하기보다는 구체적인 소비자가 좋아하는 것을 만들자!'

나초보는 기획에서도 불특정 다수 소비자의 욕구를 모두 맞추려고 하기보다는 명확한 대상을 파악해 그들의 욕구를 충족시키는 소비자 분석이 필요하다는 사실을 깨달았다. 그렇게 기능성 스포츠 화장품 기획과 '나초보 솔로 탈출 대작전'이 조금씩 진전을 보이고 있었다.

소비자의 마음을 열게 하려면 진실하고 감성적인 접근을 해야

사람이 누군가를 좋아하기 시작하면 어느 유행가 가사처럼 "그대 생각하다 보면 모든 게 궁금해진다." 이와 마찬가지로 기업도 영업 활동의 대상이 되는 소비자에 대한 모든 것을 궁금해해야 하고 그에 따른 세부 분석을 시도해야 한다. 지금은 과거처럼 우선 만들어놓고 파는 것이 아니라 애당초 팔릴 만한 상품을 만들어야 하는 시대다. 기획 단계에서 이미 승패가 갈리는 살벌한 환경에서 기업 활동을 하기 때문에 회사에서는 제대로 된 기획을 하라고 여러분을 닦달하는 것이다. 그런 점에서 소비자 분석은 기획에서 가장 중요한 요소 중 하나이면서 또한 가장 많은 오류를 범하는 부분이기도 하다.

그렇다면 소비자의 생각을 알 수 있는 가장 좋은 방법은 무엇일까? 그들과 이야기를 나누고 그들의 의견에 귀를 기울이는 것이다. 그래야 그들의 마음이 열린다. 즉 소비자들처럼 생활하고 그들처럼 느끼고 생각해야 한다.

소비자들은 생각보다는 쉽게 마음을 열거나 속내를 털어놓지 않는 경향이 있다. 왜냐하면 사람들은 기본적으로 체면이나 성격 등으로 인해 속마음과 다른 의사를 표현하는 경우가 많다. 그래서 단순히 설문 조사 결과만 믿고 일을 추진했다가는 낭패를 보기 일쑤다. 시장에 쏟아지는 수많은 상품과 서비스 들의 상당수가 소비자 분석을 잘못하는 바람에 출시되자마자 버림받는 운명에 처해지는 것도 바로 그런 이유 때문이다.

명확한 타깃을 도출하고 그 특성을 구체적으로 분석해야 한다

제대로 된 기획을 하려면 누구를 구체적인 타깃 소비자로 설정할 것이며, 그렇게 설정한 사람들의 특성은 무엇인지, 그들이 무엇을 원하는지 그리고 그들이 어떠한 소비 패턴을 가지고 있는지를 정확히 파악해야 한다. 무조건 많은 사람을 소비자로 설정하려고 욕심내다 보면 타깃 고객의 특성이 애매해져 이도 저도 아닌 기획이 돼버린다. 그래서 소비자 분석에서는 정확한 소비자층을 선정해 이를 세분화하고 구체화하는 과정이 필요하다.

예를 들어 기능성 스포츠 화장품을 기획한다고 가정해보자. 이때 골프를 즐기는 40대 중년 여성과 인라인스케이트를 즐기는 20대 직장 여성의 수요는 제품의 가격이나 포지셔닝 등 많은 부분에서 다를 수 있다. 그러므로 타깃 소비자는 '29살의 대도시에 거주하는 미혼 직장 여성으로, 경제적 여유가 있고, 웰빙 문화와 유행에 민감하며, 월 2회 이상의 스포츠 활동을 즐기기 때문에 이로 인한 피부 트러블이 걱정되어 고급 기능성 스포츠 화장품에 대한 수요를 느끼는 소비자'로 설정해야 좀 더 시장에 적합한 상품을 기획할 수 있다. 다시 말해 누구를 대상으로 할지 딱 떨어지는 명확하고 구체적인 실체를 선정하는 것이 무엇보다 중요하다.

여기서 한 가지 주의할 점은 최근에는 단순히 주민등록상의 물리적인 나이가 아닌 본인이 지향하는 '커뮤니케이션 나이'가 대두되고 있다는 점이다. 즉 실제 나이는 40대라 하더라도 20대와 같은 젊은 생각과 감각의 소비 패턴을 보이는 사람들이 있는가 하면, 반면에 20대가 30대처럼 차분한 느낌의 소비문화를 즐기기도 한다. 이처럼 소비자 본인이 느끼고 지향하는 나이가 중요하다 보니 소비자 분석 과정에서 '실제의 나이 29세'보다는 본인이 지향하는 '커뮤니케이션 나이 29세'라는 설정을 도입하기도 한다.

기능성 스포츠 화장품에 대한 소비자 분석 보고서

1. 개요
   설문 및 현장 조사를 통해 취합한 기능성 스포츠 화장품에 대한 소비자 의식과 수요를 분석해 시장성 판단 및 신상품 기획의 전략적 방향을 제시.

2. 설문 조사 현황
   - ○○년 ○월 ○○일~○○일까지 우리 회사 인터넷 홈페이지를 통해 500명, 오프라인 직영점을 통해서 500명, 총 1,000명

의 여성을 대상으로 설문 조사를 실시.

– 연령별 설문 참여 인원

연령대	20~24세	25~29세	30~34세	35~39세	40대 이상
참여 인원	250	250	250	150	100

– 직업별 설문 참여 인원

직업	회사원	자영업	학생	주부
참여 인원	300	250	250	200

3. 설문 조사 결과 분석

레포츠 활동 빈도

기능성 스포츠 화장품 선택 기준

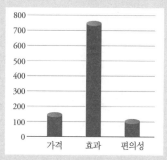

– 설문 참여 인원 중 85퍼센트가 기능성 스포츠 화장품에 관심 있다고 응답해 대부분 여성들이 이러한 상품에 대한 잠재 수요를 가지고 있는 것으로 나타남.

– 월 평균 레포츠 활동 참여 횟수는 월 1회가 35퍼센트로 가장 많았고, 2~3회가 25퍼센트였으며 월 4회 이상이 15퍼센트로 나타남.

- 기능성 스포츠 화장품의 선택 기준으로는 효과를 선택한 응답
자가 750명으로 압도적으로 많았으며, 가격이나 편의성이라
고 응답한 사람은 각각 100명 내외였음. 이는 기능성 스포츠
화장품의 가장 중요한 성공 요소가 가격보다 제품 자체의 성
능에 있다는 것을 의미함.

직업별 기능성 화장품 선호도

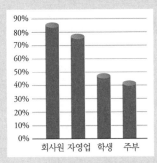

연령별 기능성 화장품 선호도

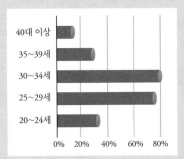

- 직업별 기능성 화장품의 선호도는 회사원(85%)과 자영업
(77%)이 압도적으로 높았으며, 학생(48%)과 주부(41%)는 상대
적으로 낮은 것으로 나타남. 경제활동을 하는 회사원과 자영
업자가 주요 고객층으로 부각될 것으로 판단됨.
- 연령별 기능성 화장품 선호도는 25~29세(75%), 30~34세
(80%)로 나타나서 20대 후반에서 30대 초반의 연령층이 가장
잠재 수요가 높음.

* 설문 조사 외 기존 화장품들에 대한 소비자 현장 인터뷰를 통해, 땀
으로 인해 화장이 뭉치거나 번지는 점에 대한 불만도가 매우 높은
것으로 파악되었음.(향후 제품 개발 시 중점을 두어야 할 주요 사항임.)

4. 전략적 대안

기능성 스포츠 화장품에 대한 수요는 충분히 존재하는 것으로 판단되지만, 성능을 확실하게 입증할 수 있는 제품 개발이 선행되어야 함.

고객층은 20대 후반에서 30대 초반의 경제활동을 영위하는 직장인과 자영업자이며, 그중에서도 월 2회 이상 레포츠 활동을 즐기는 여성이 주요 고객층이 될 것임. 따라서 그에 맞는 종합적인 마케팅 전략을 수립해야 함.

5. 결론

기능성 스포츠 화장품의 시장 가능성은 충분히 존재하므로 향후 세부적인 기획과 심층적인 시장 분석을 통해 이를 상품화시켜 시장을 선점하는 적극적인 전략이 필요함.

나초보는 마케팅팀의 협조로 실시한 설문 조사와 현장의 소비자 분석을 취합한 자료를 토대로 기능성 스포츠 화장품에 대한 소비자 분석 자료를 만들어 진 팀장에게 보고했다.

"……그래서 보고서에서와 같이 타깃이 되는 고객층을 선정할 수 있었으며, 그들의 수요에 부합할 수 있는 품질과 기능의 제품을 기획한다면 시장성은 충분히 있을 것 같습니다."

"맞아. 그래 바로 이거야. 충분히 승산이 있고 기능성 화장품 시장이 블루 오션이 될 수 있겠군. 자료도 좋지만 생생한 분석을 위해서 발로 뛰는 그런 자세가 더욱 맘에 들었어요. 성공적인 기획을 하려면 책상머리에 앉아서 키보드만 두드릴 것이 아니라 이렇게 살아 있는 시장의 움직임, 생생한 소비자의 목소리를 들어야 하는 거예요."

진 팀장의 칭찬을 들으며 나초보는 문득 변태로 몰릴 뻔하다가 한나난과 친해진 일이 생각나 미소를 지었다.

"나초보, 이번 일은 정말 잘했어. 내가 그동안 좀 심하게 굴었지? 그게 다 이렇게 분발하라고 한 거니까 마음에 담아두지 말게나. 그런 의미에서 오늘 점심은 내가 사지."

○월 ○일 기획 일기

기획의 2단계. 관련 자료의 수집 및 분석을 위한 단계 중 소비자 분석.

변태로 몰릴 뻔도 했지만 소중한 경험을 했다. 화장을 하고 운동을 하는 것이 여간 귀찮은 일이 아니란 걸 한번 화장해본 것으로도 충분히 느낄 수 있었다. 여성들의 고통(?)을 덜어주기 위해서라도 정말 좋은 상품 기획을 해야겠다. 사명감을 느낀다.

오늘 일로 명확한 대상 고객을 파악하고 그들의 욕구를 충족시키기 위해 생생하고 날카로운 소비자 분석이 필요하다는 것을 알았다.

마찬가지로 연애에서도 막연한 이상형이 되려고 하기보다는 그녀만의 한 남자가 되어야 한다. 아, 내가 나난 씨만의 남자가 되면 얼마나 좋을까?

2-4

경쟁사(상품) 분석 1
– 헉! 그녀가 좋아하는 사람이 따로 있다고?

"여보세요? 나난 씨, 도도한입니다. 약속 잊지 않으셨지요? 네, 네. 그럼 이따가 거기에서 만나죠."

도도한은 마치 나초보 들으라는 듯 큰 소리로 통화를 했다.

"나 데이트 약속이 있어서 먼저 간다. 팀장이 찾으면 거래처 갔다고 그래라. 알았지?"

도도한은 애써 태연한 척하는 나초보를 힐끗 쳐다보면서 히죽 웃고는 사무실을 빠져나갔다.

소비자 분석 보고를 성공적으로 끝내 기분이 좋았던 나초보는 도도한이 한나난과 통화하는 모습을 보자 금세 기분이 착잡해지고 가슴 한쪽이 아려왔다.

퇴근 후. 터덜터덜 사무실을 빠져나온 나초보는 한 과장을 졸라 '지금, 마시러 갑니다'라는 호프집에 갔다.

"진 팀장한테 소비자 분석 보고로 칭찬을 받았다고? 축하해! 자, 건배! 그럼 이제 경쟁사와 경쟁 상품에 대해 분석할 차례군."

"경쟁 회사, 경쟁 상품, 사랑 경쟁, 경쟁 수컷…… 온통 경쟁이네요."

한 과장의 건배 제의에 잔을 들던 나초보가 풀 죽은 표정으로 중얼거렸다.

"경쟁 수컷? 그게 무슨 소리야?"

"마음에 드는 사람이 있는데요. 경쟁 상대가 있어요."

"그래? 드디어 이상형을 발견한 거야? 그럼 경쟁자들에 대한 분석을 해야지. 어떤 아가씨인데?"

"한 과장님도 보셨을 거예요. 전에 매장 리모델링 회의 때 본 싱글즈디자인 한나난 씨요."

"나초보의 마음을 사로잡은 사람이 그 아가씨야?"

한 과장은 그렇게 되묻고는 껄껄 웃었다.

"뭐가 그렇게 웃겨요? 설마 한 과장님도 나난 씨에게 마음이 있는 거예요? 한 과장님까지 제 경쟁 상대인가요?"

"그건 아니고, 같은 동호회에서 활동했기 때문에 개인적으로 좀 알 뿐이야. 잘됐네. 오늘 내가 경쟁사와 경쟁 제품을 어떻게 분석하는지 방법을 알려줄 테니 신상품 개발 기획에도 적용해보고, 같은 방법으로 네 경쟁자들에 대한 분석도 해봐."

그러면서 한 과장은 요즘 한나난이 자주 만나는 사람이 정년퇴직한 초등학교 때의 은사와 백수의 연하 남성, 그리고 공무원인 연상의 남성이라고 귀띔해주었다.

116

"그리고 거기에 한 명 더 추가해야 돼요. 도도한이요."

"자네 팀의 도도한? 가장 강력한 라이벌이 바로 옆에 있었군."

"그러게 말이에요. 그런데 정년퇴직한 은사라면 나이가 환갑은 되었을 텐데, 너무한 거 아니에요?"

"그녀 주변의 남자가 전부 자네 경쟁자라고 생각할 수도 있지만, 60대의 은사를 경쟁자로 설정하는 것은 다소 무리가 있지 않나? 그녀는 단지 존경하는 은사로서 그분을 좋아하는 것뿐일 거야. 그러니 나초보와는 경쟁하는 시장이 다른 셈이야. 경쟁자를 분석하기 위해서는 도대체 누가 나와 경쟁 관계에 있는지를 먼저 정확히 알아야 해. 해당 사업이나 상품 시장에서 같은 소비자를 두고서 자신과 직접 맞닥뜨리게 되거나 그럴 가능성이 높은 대상이 경쟁자가 되는 것이고, 그러한 경쟁자가 회사로 치면 경쟁 회사인 거야. 무조건 같은 업종에 있다고 해서 모두가 경쟁자가 되는 것은 아니야."

"듣고 보니 그렇군요. 경쟁자 분석은 누가 진정한 경쟁자인지를 제대로 선정하는 것부터 시작해야 하는군요."

"자, 주요 경쟁자를 파악했으니 그다음은 경쟁자의 무엇을 조사해야 할까?"

"외모나 성격, 직업 그리고 그녀가 얼마나 좋아하고 있는지 등을 알아봐야 하겠지요."

"그렇지. 사업 기획도 그런 식으로 진행하면 되는 거야. 경쟁사(상품)를 파악했으면 관련된 정보를 수집해야 해. 공시를 통한 실적 정보나 재무제표, 언론의 보도 자료, 광고, 소비자 반응 등을 조사하는 거지. 그러면 나초보의 경쟁자들에 대한 정보를 분석해볼까?"

한 과장의 말에 나초보는 순간 자세를 고쳐 앉았다.

"경쟁자 넘버 원 연하남은 매력적이고 잘생겼다는 장점이 있지만 직업이 없는 데다가 노는 걸 너무 좋아해서 비전 또한 없는 게 문제야. 그리고 경쟁자 넘버 투 공무원은 사람은 좋은 것 같은데 성격이 너무 따분하고, 문화생활과는 담쌓고 사는 게 단점이지. 마지막으로 경쟁자 넘버 스리 도도한은, 나초보가 더 잘 알겠지?"

"도도한은 외모도 말끔하고 능력도 있기는 한데요. 너무 계산적이고 출세 지향적이에요. 여자를 사랑보다는 출세의 도구로 이용하려는 아주 냉담한 놈이에요."

"그렇군. 이 정도면 경쟁자들의 장단점은 파악이 됐고. 자, 그러면 가장 중요한 그녀의 마음은 어떤지 한번 알아볼까? 우리가 그런 것까지 정확하게 알 수는 없지만 대충 추측은 할 수 있을 테니까 한번 해보자고. 내가 알기로, 우선 연하남에 대한 호감도는 아직까진 높지만 향후 애인으로 발전할 가능성은 낮아 보여. 이것을 경쟁사 분석에 적용해볼까?"

"흠……. 매출이나 시장점유율이 높아서 현재는 강력한 경쟁자지만 향후 성장 가능성은 낮은 경쟁자?"

나초보의 말에 한 과장이 손가락으로 딱 소리를 내면서 '바로 그거야' 하는 표정을 지었다.

"그렇지. 제대로 이해했군. 그러면 나머지 경쟁자들도 분석해보자고. 공무원은 호감도도 보통이고 답답한 성격 때문에 향후 발전 가능성도 뭐 그다지 높다고 보기는 어려워."

"그러면 현재의 시장점유율도 보통이고 향후 발전 가능성도 보통인 평범한 경쟁자네요."

"그렇다고 볼 수 있지. 도도한은 어떨까? 시장에 새롭게 등장한 경쟁자인데, 아직까지는 만난 지 오래되지 않아서 호감도는 보통일수 있지만 도도한이 작정을 하고서 달려들면 얼마든지 그녀의 마음을 휘어잡을 수 있지 않겠어?"

"네, 그래서 도도한은 신규 경쟁자이면서 향후에 가장 강력한 라이벌이 될 수 있는, 가장 경계해야 할 대상이죠. 언제라도 그녀를 헌신짝버리듯이 버릴 수 있는 놈인데. 다른 경쟁자라면 몰라도 그런 놈한테서는 그녀를 꼭 지켜줘야 해요! 그런데 저는 아무것도 할 수 없으니."

그녀를 걱정하는 나초보를 보면서 한 과장은 그가 마음이 따뜻한 젊은이라는 생각이 들었다.

"자, 기운 내라고. 다음 단계로 무엇을 해야 할까?"

"경쟁자들을 파악하고 관련 자료를 수집해 분석했으니, 다 끝난것 아닌가요?"

"이런, 아직도 좋은 기획자가 되려면 멀었군. 그렇게만 하고서 끝낸다면 그게 조사원이지 어디 기획자인가? 경쟁자의 현황이 이러하니까 우리는 어떻게 해야 한다는 방안을 제시해야 진정한 기획자인거야. 내가 전에도 말했잖아. 진정한 기획자는 뭐가 어떻다고 보고하고 끝내는 사람이 아니라, 그래서 어떻게 하자는 '전략적인 방안'을 제시할 수 있어야 한다고."

"그렇다면, 제가 성형수술을 하거나 호적을 위조해서 매력 연하남과 경쟁할 수는 없고, 회사 때려치우고 공무원이 되기도 좀 그렇고, 도도한 녀석같이 느끼한 역할도 아무나 하는 게 아니고……."

"그렇게 어설프게 경쟁자의 장점을 흉내 내려다 보면 상황이 '치킨 게임'이 되어버리기 때문에 상처뿐인 영광만 남을 거야. 그녀가 진정으로 원하는 것이 무엇인지를 시간을 두고 잘 생각해보라고. 무턱대고 경쟁자를 이기기 위해 덤비기보다는 경쟁자의 부족한 부분을 찾아내서 그 부분을 공략하는 게 더 효과적이야. 즉 그녀가 경쟁자들로부터 아쉬워하는 부분을 자네가 찾아내서 자신을 보완하라는 말이야."

"흠……."

TIP 경쟁자들끼리의 죽음의 질주, 치킨 게임

강력한 경쟁자가 있을 때, 특히 경쟁자가 독보적인 1위일 경우, 후발 주자가 경쟁자를 제치기란 쉬운 일이 아니다. 이럴 때 큰 출혈을 감수하면서 무모한 '치킨 게임'을 해서는 안 된다.

치킨 게임은 원래 1950년대 미국 젊은이들 사이에서 유행한 자동차 게임에서 유래했다. 도로 양쪽에서 차 두 대가 서로 마주보고 돌진해서 먼저 핸들을 돌려 피하는 사람이 지는 게임인데, 이때의 치킨은 '겁쟁이'라는 뜻의 속어다.

치킨 게임은 서로 한 치의 양보 없이 극한 경쟁을 벌이는 상황을 의미하는 경제 용어이기도 하다. 최근 반도체, 스마트폰 등 IT 업계에서 치열한 경쟁이 벌어지면서 이러한 상황을 지칭하는 말로 많이 사용되고 있다.

후발 주자는 치킨 게임에서처럼 경쟁자에게 달려들어 정면충돌하기보다는 한발 옆으로 비켜서서 경쟁자가 생각하지 못하는 새로운 시장을 선점하는 것이 바람직하다. 새로운 시장을 선점하면 방심한 경쟁자는 상황이 역전, 후발 주자가 되어 뒤쫓아오기 급급해진다.

"나초보에게는 연하 매력남한테는 없는 성실함과 장래성이 있고, 따분한 공무원 아저씨한테는 없는 유머와 감성이 있잖아. 또 도도한 과는 달리 인간적이고 따뜻한 마음씨를 가졌잖아? 그런 나초보의 모습을 솔직하게 보여주고 진실한 마음을 느끼게 해줘야 그녀의 마음이 움직이지 않을까?"

"음…… 회사에서 인정받아 장래성이 있다는 것을 보여주고, 교양을 쌓아 음악이나 영화 같은 문화적 취미를 함께 나누고, 그녀가 다른 사람이 필요할 때 따뜻하게 감싸주면 될까요?"

한 과장이 자신의 장점을 열거하면서 격려해주자 나초보는 힘이 나서 스스로 노력해야 할 부분들을 나열했다.

"딩동댕! 그렇지. 그렇게 정리해서 전략적인 방안까지 짜놓아야 경쟁자 분석이 완료되는 거야. 항상 '현재의 상황은 이렇다. 그래서 결론으로 이런 방안을 제시한다'는 것을 포함해야 진정한 기획인 거야. 여기서 주의할 점은 기획의 중심에 놓아야 할 것은 경쟁자가 아니라 대상, 즉 소비자여야 한다는 거야."

"네, 이제 무슨 말씀인지 이해하겠어요. 경쟁자 때문에 경쟁자를 분석하는 것이 아니라 바로 그녀, 즉 소비자를 위해서 경쟁자에게는 없는 부족한 그 뭔가를 찾아내야 한다는 거죠?"

"그래, 맞았어. 그럼 이제 경쟁자들을 분석해서 그녀에게 다가갈 방안을 짰듯이, 기능성 스포츠 화장품과 관련된 경쟁사(상품)에 대한 정보를 수집하고 분석해 소비자가 아쉬워하는 것을 채워줄 수 있는 기획안을 만들어보라고. 자, 건배!"

그녀의 사랑을 쟁취하기 위한 시장 분석과 전략
-그녀 주변의 경쟁자 분석을 중심으로

1. 개요
마음에 드는 이상형을 발견했으나 현재 시장에는 막강한 경쟁자들이 존재함.
따라서 경쟁자에 대한 심도 있는 분석을 통해 그들의 장단점을 파악, 비교 우위를 점할 수 있는 전략적 방안을 제시.

2. 경쟁 현황
현재 그녀 주변에는 3명의 경쟁자가 우열을 가리기 힘들 정도로 치열한 접전을 벌이면서 경쟁하고 있음.
- 경쟁자 1, A씨 : 백수, 매력적인 연하, 잘생긴 외모.
- 경쟁자 2, B씨 : 안정적인 공무원, 답답한 성격, 건조한 문화 생활.
- 경쟁자 3, 도도한 : 전략적인 접근에 능함, 계산적인 만남.
* 60대의 초등학교 은사는 경쟁하는 시장이 다르므로 분석 대상에서 제외함.

3. 주요 경쟁자 분석

* 그녀 마음의 점유율, 향후 성장 가능성, 안정성을 기준으로 한 경쟁
  구도

구분	마음 점유율	성장 가능성	안정성	비고
백수 A씨	45%	15%	10%	불확실한 미래
공무원 B씨	35%	35%	50%	매우 지루함
도도한	20%	50%	40%	이익만 추구함

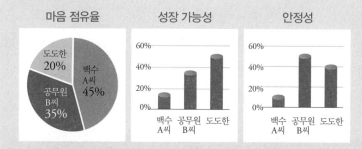

- 백수 A씨는 현재의 점유율은 높지만 향후 성장 가능성이 매우
  낮고 미래가 불확실하다는 치명적인 약점으로 인해 순식간에
  시장에서 도태될 수 있음.
- 공무원 B씨는 안정성이 높지만 지루한 성격과 건조한 문화생
  활로 성장 가능성에 한계가 있음.
- 도도한은 현재의 점유율은 낮지만 성장 가능성이 매우 높기에
  강력한 잠재 경쟁자로 부각될 수 있음.

4. 전략적 방안 제시

백수 A씨에게 없는 성실함과 장래성으로 차별화하고, 공무원 B
에게 없는 유머와 감성을 부각시키며, 도도한과는 달리 인간적

이고 따뜻한 마음씨로 다가섬.

5. 결론

현재 3인의 경쟁자 중 그 누구도 종합적인 비교 우위를 점하고 있지 못하므로 신규로 시장에 진입하기에 좋은 상황임. 전략적 방안을 수행하기 위해 세부 실행 계획을 수립·추진해야 함.

그녀를 둘러싸고 있는 경쟁자에 대한 분석이 끝나자 나초보는 어느 정도 자신감이 생겼다. 이를 바탕으로 그는 기능성 스포츠 화장품에 대한 경쟁사 자료를 수집하고 분석했다.

○월 ○일 기획 일기

경쟁자들에 대한 자료를 수집해서 분석하고 나니 그녀가 경쟁자들의 어떤 부분에 아쉬움을 느끼고 있는지, 그리고 내가 어떻게 해야 할지를 어렴풋이나마 알 수 있게 되었다. 경쟁자를 엉뚱하게 선정하면 첫 단추부터 꼬일 수 있구나. 그녀의 초등학교 은사를 몰염치한 늙은 애인으로 오해하다니.

역시 지피지기면 백전백승이야. 누가 진정한 경쟁자인지 구분하고, 그들의 정보를 입수해서 분석하고, 이를 보기 좋게 문서로 정리하니까 사랑을 쟁취하기 위한 의욕이 불끈불끈 솟는다.

경쟁사(상품) 분석 2

– 어떤 회사와 어느 시장에서 경쟁해야 하는가?

　경쟁자를 분석하기 위해서는 도대체 누가 나와 경쟁 관계에 있는 지를 먼저 정확히 알아야 한다. 무조건 같은 업종에 있다고 해서 모두가 경쟁자가 되는 것은 아니다. 포괄적인 경쟁자 중에서도 기획하는 사업이나 상품과 관련하여 같은 시장과 소비자를 두고서 자신 혹은 우리 회사와 가장 첨예하게 대립하고 있는 대상을 주요 경쟁자(경쟁사)로 선정하여 집중 분석하는 것이 중요하다.

　주요 경쟁자를 선정했다면 그다음 경쟁자의 무엇을 어떻게 조사해야 할까?

　경쟁사를 선정하였으면 관련된 정보를 수집해야 하는데, 먼저 공시를 통한 실적 정보나 재무제표, 언론의 보도 자료, 광고, 소비자 반응 등의 공개된 자료를 수집한다. 이러한 정보를 시장점유율과 매출, 수익성, 성장성 등의 기준으로 분석을 진행한 뒤, 우리 회사가 시장에서 우위를 점할 수 있는 방안을 강구한다.

경쟁사에 대한 정보 중 시장점유율(매출), 성장 가능성과 안정성(손익 구조)을 통해 현재 시장 분위기와 경쟁사 간 역학 관계 그리고 향후 시장의 진행 방향을 유추할 수 있다. 이러한 분석을 통해서, 누가 지금 시장의 선두 주자이고 누가 주요한 도전자인지, 그리고 그러한 경쟁사 간의 우열 관계가 탄탄한지 허약한지를 판단할 수 있다.

안정성 분석은 회사의 재무제표상 손익 구조와 자금 회전을 토대로 하게 된다. 손익 구조 분석을 통해 경쟁사에 어느 정도의 여유 자금이 있는지 알 수 있다. 이를 통해 향후 경쟁사가 현금을 사내에 보유하여 안정성을 높이는 방어적 전략을 전개할지, 아니면 투자를 확대해 공격적인 전략을 취할지 예상할 수 있다. 성장성 분석은 해당 회사의 연구 개발 비율, 신기술 개발 능력, 고급 인력의 보유 및 마케팅 능력 등에 관한 사항들을 토대로 한다.

물론 이러한 내용을 세부적으로 분석하는 것은 꽤 전문적인 지식을 요한다. 그러므로 처음부터 이 모든 것을 완벽하게 분석해낼 수는 없다. 경쟁사를 어떻게 선정하고 그들의 장단점을 어떤 기준에 의해서 어떻게 분석해야 하는지에 대한 개념 정도만을 이해해도 이미 훌륭한 기획자가 되기 위해 필요한 자질은 갖춘 셈이다.

경쟁사(상품)분석
–기능성 스포츠 화장품과 관련된 경쟁 시장을 중심으로

1. 개요

소비자 분석을 통해 기능성 스포츠 화장품에 대한 잠재 수요가 충분히 존재하는 것으로 파악되었음.

따라서 현재 관련 경쟁사(상품)에 대한 심도 있는 분석을 통해 장단점을 파악하고 비교 우위를 점할 수 있는 전략적 방안을 제시함.

2. 경쟁 현황

현재 여성들이 야외 스포츠 활동 시 가장 많이 사용하는 것으로 조사된 제품은 아래 3개사의 화장품으로 향후 이들은 우리 회사 기능성 스포츠 화장품의 잠재적인 경쟁 상품으로 대두될 것으로 예상됨.

–A사의 한방 화장품: 전통 한방의 신뢰도를 바탕으로 시장 진입에 성공함. 그러나 야외 스포츠 활동 시에는 땀으로 인해 화장품이 뭉치는 현상이 심해 향후 여성 스포츠 화장품 시장에서의 성장 가능성은 한계가 있음.

–B사의 식물성 화장품: 식물성 소재를 사용해 웰빙 효과를 타고 시장에서 성공을 거두었으며 꾸준히 제품 개선을 하고 있음. 그러나 기능성이 부각되지 못해 성장 가능성에는 한계가 있음.

–C사의 VIP 화장품: 외국 명품 브랜드라는 프리미엄이 있으며 고급 시장을 점유하고 있음. 그러나 스포츠용으로는 단순 자외선 차단 외에 성능 효과가 부족함.

3. 주요 경쟁사(상품) 분석

구분	시장점유율	성장 가능성
A사 한방 화장품	45%	15%
B사 식물성 화장품	35%	25%
C사 VIP 화장품	20%	40%

* 주요 경쟁사의 시장점유율 및 성장 가능성

시장점유율

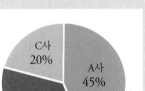

성장 가능성

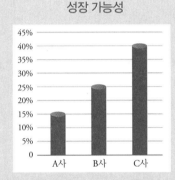

- A사 한방 화장품은 현재 시장점유율이 45퍼센트로 가장 높지
  만 향후 기능성 스포츠 화장품 시장에서의 성장 가능성은 15퍼
  센트로 낮음. 그리고 한방이라는 투박한 이미지를 불식하지
  못할 경우 젊은 세대에게 어필하는 데 한계가 있으며 따라서
  시장에서 도태될 수 있음.
- B사 식물성 화장품은 현재 시장점유율은 35퍼센트이고, 향후
  기능성 스포츠 화장품 시장에서의 성장 가능성도 25퍼센트
  로, 꾸준하게 신제품을 출시할 경우 현재와 같은 위치를 유지
  할 것으로 예상됨.
- C사 VIP 화장품은 현재 시장점유율이 20퍼센트밖에 안 되지
  만 추가적으로 스포츠 시장을 겨냥해서 기능을 보강한 제품을

출시할 경우 브랜드 프리미엄 효과로 인해 성장 가능성은 40퍼센트로 높게 예상됨.

4. 전략적 방안 제시

아직까지 기능성 스포츠 화장품과 동일한 기능의 경쟁 제품이 시장에 존재하지 않지만 앞에서 설명한 3사의 제품은 잠재 경쟁 상대로 파악됨.

따라서 C사의 VIP 화장품처럼 고급 기능성 화장품이라는 이미지를 부각시키면서 A사 한방 화장품 같은 차별화된 기능성을 토대로 시장을 선점하는 전략이 필요함. 그 후 B사의 식물성 화장품처럼 꾸준하게 개선된 제품을 출시해 선도적인 시장점유율을 유지하는 전략을 취해야 할 것으로 판단됨.

5. 결론

현재 기능성 스포츠 화장품은 동일한 제품의 경쟁 상대가 없으므로 신규로 시장에 진입하기에 좋은 상황임. 따라서 전략적 방안을 수행하기 위한 세부 실행 계획을 신속히 수립, 추진해야 할 것으로 판단됨.

"그런 일이 있었어요? 바보 같은 녀석 같으니. 기획자가 무슨 아르바이트생인가. 그런 한심한 짓이나 하고 있으니. 기획이란 게 다 형식이거든요. 인터넷에 있는 자료들을 그럴듯하게 잘 짜깁기해서 만들면 될 것을. 융통성 없이 일일이 발로 뛰어다니다니. 저랑 입사 동기인데 우리 회사에 어떻게 들어왔는지 모르겠어요."

도도한과 한나난이 '음식남녀'에서 저녁 식사를 하는 자리였다. 한나난이 나초보가 자기 얼굴에 직접 화장을 하고 한강 고수부지에서 인라인스케이트를 타다 넘어진 일을 이야기하자 도도한은 예의 냉소적인 태도를 취했다.

한나난은 처음에는 도도한의 자신감 있는 당당한 태도에 매력을 느꼈지만 그를 만날 때마다 진심보다는 뭔가 계산적으로 사람을 대한다는 느낌이 들었다. 상대에 대해 잘 몰라서 그런가 보다 하면서도 만날수록 오히려 낯설다는 느낌을 떨칠 수 없었다.

그런 도도한에 비하면 나초보는 오히려 처음에는 평범한 외모와 분위기 때문에 별로 눈에 띄지 않았지만 볼수록 인간적이고 따뜻한 면모를 느낄 수 있었다. 한나난이 나초보에게서 느끼는 편안하고 가식 없는 솔직함은 도도한에게서는 물론, 가끔 만나서 자신이 밥을 사주기도 하는 남자 후배나 친구의 강요로 마지못해 만나는 고리타분한 공무원에게서는 느낄 수 없는 것이었다.

기획의 2단계. 관련 자료의 수집 및 분석을 위한 단계 중 경쟁사 (상품) 분석.

기능성 스포츠 화장품과 관련된 예상 경쟁사들을 선정하고 자료를 수집해 분석해보니 소비자가 경쟁사 상품에서 어떤 점을 아쉬워하는 지를 알 수 있었고, 그리하여 어떤 상품을 만들어야 할지 감이 오는 것 같다.

'소비자가 경쟁사 상품에서 느끼는 아쉬움(필요)을 우리 회사 상품 으로 채워주기 위한 기획 단계의 작업이 바로 경쟁사 분석'.

SWOT 분석

– 대내외적인 변수와 역량을 분석해서 대안을 도출한다

"한 과장님, 그게 뭐예요? 네모 칸에다 뭘 분류하고 계신 거예요?"

한 과장이 컴퓨터 화면을 네 칸으로 나누어서 각 칸에 뭔가를 적어 넣고 있다.

"아 이거, 새로운 사업 계획을 위한 SWOT 분석 중이야."

"스와트(SWAT)요? 경찰특공대? 그거랑 사업 계획이랑 뭔 상관이에요?"

"경찰특공대는 S, W, A, T고. 이건 경영 환경 분석을 위해 사용하는 S, W, O, T 분석틀이야. 대개 스와트라고 하지."

"아. 스와트 분석은 어떻게 하는 건데요?"

"스와트 분석은 경영 환경을 강점(Strength), 약점(Weakness), 기회(Opportunity), 위협(Threat)으로 나누어 분석하는 것인데, 강점과 약점은 내부 요인을 기준으로, 기회와 위협은 외부 요인을 기준으로 삼지."

"흠……."

"마침 점심시간이군. 같이 나가서 식사라도 하면서 이야기하지."

회사 근처 메밀국수 전문점 '첨밀밀'.

"좋아하는 여자가 생겨서 경쟁자 분석까지 해봤으니 나초보가 처한 환경과 장단점을 분석해서 그녀에게 어떤 부분을 어필할 수 있는지를 분석해보자고."

"저의 모든 것이 적나라하게 까발려지겠군요, 긴장되네요."

"내부 요인 분석이라는 것은 스스로 자신에 대한 판단을 해보는 것으로, 자신의 강점(S)과 약점(W)을 파악해서 분석해보는 거야. 나초보가 한나난과 연애를 한다고 전제했을 때 강점과 약점은 무엇일까?"

"흠, 저의 강점이라면 재미나고 분위기 있고 상대방을 잘 배려해주는 것 정도? 흠, 약점이라면 술·담배를 좋아하고 좀 게으르고 끈기가 부족하다는 것 정도겠네요."

"자, 그러면 다음으로 외부 환경을 살펴보자고. 외부 환경 분석이란 자신이 속한 시장에 대한 판단을 해보는 거야. 나초보는 지금 어떻게든 연애를 해서 결혼에 골인을 하고 싶지? 그러니 외부 환경 요인에 해당하는 미혼 여성의 결혼관을 분석해보면 되겠지? 이때 연애나 결혼에 긍정적인 외부 요인을 기회(O)라고 하고, 부정적인 외부요인을 위협(T)이라고 하자. 최근 여성의 연애나 결혼관을 보면, 여권 신장에 따라 남녀 간의 동등한 권리와 역할 분담에 대한 배려를 점점 더 많이 요구하는 것 같아. 이러한 추세는 배려 잘하는 자네에게는 오히려 기회(O) 요인이라고 할 수 있어. 한편, 결혼 연령이 점점 높아지고 전문직 남성을 선호하는 추세는 자네에게 위협(T) 요인이라고 할 수 있을 거야."

4가지 SWOT 요인 분석

• 내부 요인

내부 환경 요소인 나초보 자체의 강점과 약점

- S(강점): 재미있다, 분위기가 있다, 상대방에 대한 배려를 잘한다

- W(약점): 술·담배를 좋아한다, 게으르다, 끈기가 없다

• 외부 요인

외부 환경 요소인 결혼관의 변화 등 기회와 위협

- O(기회): 남녀 간 동등한 권리 요구 증대, 역할 분담 배려에 대한 요구 증대

- T(위협): 경제력 있는 사람이나 전문직을 선호함, 결혼 연령이 높아짐

"흠, 항목들은 이해를 하겠는데, 그래서 뭘 어떻게 해야 할지 또렷하게 와 닿지가 않네요"

"그래서 그림이나 도표 등으로 도식화해서 표현을 하면 일목요연하게 눈으로 확인할 수 있지."

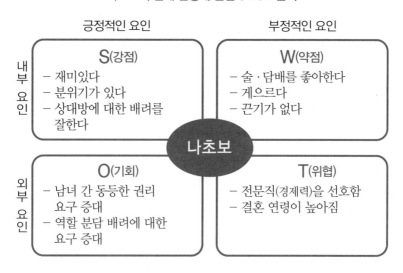

나초보의 연애 환경에 관한 SWOT 분석

	긍정적인 요인	부정적인 요인
내부요인	**S(강점)** – 재미있다 – 분위기가 있다 – 상대방에 대한 배려를 잘한다	**W(약점)** – 술·담배를 좋아한다 – 게으르다 – 끈기가 없다
외부요인	**O(기회)** – 남녀 간 동등한 권리 요구 증대 – 역할 분담 배려에 대한 요구 증대	**T(위협)** – 전문직(경제력)을 선호함 – 결혼 연령이 높아짐

나초보

"흠, 그림으로 보니까, 저는 그녀에게 결국 재미있으면서, 여성을 배려하고, 이해해주는, 분위기 있는 남자로 어필을 해야 되겠군요. 그리고 가급적이면 술·담배도 자제하고 회사에 오래 안정적으로 다닐 수 있도록 자기 계발을 해야겠네요."

"그렇지, 이제 스와트 분석도 깨우쳤으니 저녁 때 기념으로 술 한잔할까?"

"방금 술·담배를 자제해야 한다고 했는데, 술 마시자고 꼬드기시는 거예요?"

나초보는 경영 분석에 활용되는 스와트 분석이 간단하면서도 일목요연하게 한눈에 볼 수 있도록 표현할 수 있어서 꽤나 유용한 도구

라는 것을 깨달았다. 나초보는 이를 토대로 오로라화장품을 나름대
로 분석해보았다.

오로라화장품 SWOT 분석

	긍정적인 요인	부정적인 요인
내부 요인	**S(강점)** – 화장품 개발에 대한 　오랜 노하우 – 기존 충성 고객층과의 　강한 유대감	**W(약점)** – 시대 변화에 대한 느린 대응 – 획기적인 신상품 　기획/개발 부재
외부 요인	**O(기회)** – 한류 영향으로 인한 　수출 증대 및 외국인 　관광객의 구매 증가	**T(위협)** – 외국계 고가 제품의 도전 – 국내 저가 제품의 새롭고 　다양한 마케팅

나초보

회사의 기술력, 영업력, 생산성, 마케팅, 임직원의 능력 등을 기준
으로 강점과 약점을 나누면 그것이 자사의 내부 요인이 되며, 자사가
속한 업종이나 제품에 대한 시장 환경의 기회 요인과 위협 요소는 외
부 요인이 된다.

기업 내부와 기업을 둘러싼 외부적인 사업 환경에 대한 분석도 중
요하지만, 분석한 내용을 '오로라화장품 스와트 분석' 사례에서와 같
이 시각적으로 일목요연하게 정리해서 문서로 표현하는 것도 중요하
다. 스와트 분석은 회사가 처한 상황을 한눈에 알 수 있고, 그에 따라

어떤 전략을 취해야 하는지를 시각적으로 간단하면서도 명확하게 보여주기 때문에 실제 기획에서 자주 사용되는 분석 방법 중 하나다.

▮ ○월 ○일 기획 일기

한 페이지짜리 간단한 보고서인 스와트 분석표는 그 분량에 비해서 효과가 매우 뛰어나구나. 기획안을 딱딱한 문장으로 꼭 어렵고 길게 만들 필요는 없는 것 같다. 스와트 분석을 통해 실제 기획안을 작성할 때 간단명료하게 시각적으로 잘 정리하는 것도 중요하다는 사실을 깨달았다.

기획의 3단계

– 기획 아이디어 및 전략 도출(기본 전략 수립)

누군가를 떠올릴 때 이렇게 저렇게 분석한 다음 느낌을 떠올리는 사람은 없다. 생각하는 순간 바로 '재수 없어', '귀여워', '마음에 들어' 하면서 단박에 그 사람에 대한 느낌이 떠오른다. 회사나 상품에 대한 느낌도 마찬가지다. 따라서 브랜드에 대해 직관적으로 좋은 느낌을 심어주는 것, 긍정적인 감정을 연상하게 하는 것이 중요하다.

3-1

콘셉트 및 성공 요소(KFS) 도출
– 그녀가 나에게 호감을 갖게 만드는 나만의 필살기

모두들 퇴근한 밤늦은 시각, 사무실에서 도도한이 나초보의 서류철을 뒤지고 있다.

'나초보 이 녀석, 전에 시장 환경 조사한 보고서 어디다 둔 거야? 아, 여기 있군! 만날 어리바리하던 녀석이 요즘 웬일이지? 전에 훔친 빅 데이터 관련 자료도 쓸 만하던데. 이 자료에다가 내가 기획한 저가 화장품 기획안을 잘 합치면 그럴듯해질 것 같네.'

나초보의 문서를 몰래 훔쳐 자기 자리로 돌아온 도도한은 자신이 발표했던 기획안에 나초보의 자료를 짜깁기해 새로운 기획안을 만드는 데 몰두하고 있었다.

"모두 퇴근했는데 밤늦게까지 혼자 수고가 많군."

"엇! 전무님, 안녕하십니까?"

갑자기 나타난 고단수 전무를 보고 도도한이 황급히 자리에서 일어나서 90도로 허리를 굽혀 인사했다.

"회사의 앞날을 생각하면 저 혼자 편하자고 퇴근을 할 수가 없습니다. 그래서 오늘도 좀 더 좋은 기획을 위해 평상시처럼 혼자 남아서 야근을 하고 있었습니다."

"흠…… 그래. 참 훌륭한 자세야. 그런데 지금 작업하던 그 문서 내용이 뭔가? 저가 화장품 기획안?"

"네, 요즘 N사의 저가 화장품이 대유행이잖습니까? 우리 회사도 이 시장에 뛰어들기 위해 하루라도 빨리 저가형 제품을 만들어야 한다는 내용의 기획안을 만들고 있었습니다."

"흠…… 그래? 자네 그 문서 가지고 내 방으로 좀 오게."

고 전무가 그의 기획안에 관심을 가질 뿐만 아니라 일대일로 보고하라는 말에 도도한은 한껏 기대에 부풀어 고 전무의 방으로 따라갔다.

기획안을 훑어보던 고 전무는 도도한의 설명에 흡족한 표정을 지었다.

"그런데 이 기획안이 실현되려면 유통 쪽 인력이나 비용 부담이 늘어나지 않겠나?"

"네, 바로 그 점이 저도 좀 걱정되는 부분이기는 합니다. 그래서
……."

고 전무의 질문에 도도한이 대답을 못하고 우물쭈물하자 고 전무가 먼저 이야기를 꺼냈다.

"자회사로 별도의 유통 회사를 차려 운영을 맡기면 되겠군."

"네? 아, 네. 물론 그렇기는 합니다. 그런데 그러려면 자본금도 많이 필요하고 사장님 결재도 필요……."

"그런 거는 자네가 신경 쓰지 않아도 되네. 아무튼 이 기획안 좀 더 자료를 보강해서 완성해보도록 하게. 아, 그리고 요즘 회사 기밀이 경쟁사로 자꾸 새어나가는 듯하니까 보안에 특별히 유의하고. 알겠나? 내 말 명심하게."

"네, 알겠습니다. 차질 없도록 열심히 하겠습니다. 걱정 마십시오."

고 전무의 휴대폰 벨이 요란하게 울렸다.

"여보세요? 어, 그래. 아니, 아빠 지금 회의 중이라서. 그래 알았어, 알았다니까. 좀 이따 집에 가서 이야기하자. 그래 응, 끊어."

고 전무는 평소의 근엄한 말투와는 달리 자상한 목소리로 통화를 했다.

"우리 딸앤데, 새로 나온 자동차 사달라고 졸라대는 통에. 자네도 혹시 아는가? 독일 A사의 A3라는 모델인데."

"네, 저도 압니다. 세련된 디자인에 최첨단 기능까지 갖춘 멋진 자동차죠. 따님이 감각이 있으시군요."

"감각은 무슨. 그런데 자네 결혼했나? 아니면 애인은 있나?"

"아닙니다. 아직 미혼입니다. 회사 일이 바빠서 애인 사귈 시간이 없었습니다."

"이런, 젊은 사람이 연애도 하고 그래야지. 나중에 언제 시간 될 때 우리 집에 한번 초대할 테니 놀러 오게나. 우리 딸아이도 한번 만나보고 말이야."

"말씀만 들어도 영광입니다. 감사합니다."

도도한이 벌떡 일어나서 고 전무에게 꾸벅 허리를 숙여 연거푸 인사를 했다.

"이게 꿈이냐 생시냐? 우리 회사 최고 실세인 고 전무에게 개인적인 업무 지시를 받지 않나, 딸까지 만나게 해준다고 하질 않나. 일생일대의 기회가 온 거야. 도도한! 정신 차리고 이 기회를 꽉 잡는 거야."

고 전무 방을 나온 도도한은 꿈에 부풀어서 혼잣말을 중얼거렸다.

한편 고 전무는 별도의 유통 회사를 설립한다는 명분을 내세우면 그동안 자신이 추진해온 일을 훨씬 쉽게 할 수 있을 것이라는 생각에 다시금 야심이 불타올랐다.

'저 녀석을 잘 이용해 먹으면 내 계획을 수월하게 착착 진행할 수 있겠군. 아주 잘됐어.'

다음 날, 나초보는 또 회사 휴게실 자판기와 씨름 중이었다. 그러더니 어렵사리 커피를 한 잔 뽑아 한 과장에게 건넸다. 자신도 한 잔 커피를 뽑아 들고 나초보는 한 과장 옆자리에 앉았다.

"한 과장님, 시장 환경과 소비자, 그리고 경쟁사에 대한 분석까지 마쳤어요. 이제 기획의 2단계인 분석 과정이 끝났으니 기획의 3단계인 기본적인 전략을 진행할 차례네요?"

"그렇지. 우선 기본적인 콘셉트부터 정리를 한번 해볼까? 콘셉트가 뭔지는 알지?"

"그 정도는 저도 안답니다. 콘셉트란 개념 내지는 제품의 핵심적인 특징, 뭐 그런 거잖아요."

나초보는 입을 부루퉁하게 내밀고는 무시하지 말라는 투로 대꾸했다.

"좀 더 정확하게 말하면 기획에서 콘셉트는 시장에 제공하려는 제품 아이디어를 소비자 입장에서 쉽게 이해하고 느낄 수 있도록 구체화시키는 것을 의미하지. 기능성 스포츠 화장품은 하나의 아이디어고 그것을 구체적인 제품의 형태와 성능을 기반해 설명한 것이 바로 콘셉트인 거야."

"그렇다면 가령, '땀에도 번지거나 뭉치지 않으면서 피부 트러블 걱정 없이 마음 놓고 스포츠를 즐길 수 있는 고급 기능성 스포츠 화장품'이라고 하면 콘셉트를 설명하는 문구가 되겠군요."

"그렇지. 그렇게 해야 누가 보더라도 명확하게 제품을 이해할 수 있지. 나초보가 방금 정리한 문구가 곧 이번에 기획하는 신상품의 구체적인 제품 콘셉트가 되는 거야. 시장을 분석하고 제품의 콘셉트를 설정했으면, 그다음으로 시장에서 성공할 수 있는 요소를 정리해보아야지. 이를 '성공 요소', KFS라고 해."

"KFS요?"

"응. KFS란 'Key Factor of Success'의 약자야. '성공을 위한 핵심 요소'라는 뜻이야. 기획을 성공시키기 위해, 기업의 자금력, 기술력, 인력 등 내부 역량과 시장 상황, 경쟁자의 장단점을 고려하여 KFS를 도출해야 하는 거야."

"아, 그렇군요. 일종의 필살기라고 볼 수 있겠네요."

"흠, 괜찮은 비유인걸. 맞아. KFS는 기획을 성공시키는 필살기야."

"그러면 성공 요소, 즉 KFS는 그동안 조사한 자료와 콘셉트를 정리해 다시 한 번 압축하는 건가요?"

"그렇지. 그동안 기획을 진행하며 수행한 시장 환경 분석, 소비자 분석, 경쟁사 분석을 통해서 추출된 결과와, 전략 방안으로 제시한 내용을 토대로 제품 콘셉트를 설정하고 난 뒤, 그 내용을 축약해 핵심 사항을 요소 단위로 정리한 게 성공 요소(KFS)인 거야. 대개 실제 기획안에서는 한눈에 볼 수 있도록 도표나 정제된 문구로 제시되지. 자 어때, 혼자 성공 요소에 관한 보고서를 작성할 수 있겠나?"

"네, 한번 해볼게요. 그림으로 정리하는 게 보기 좋겠지요?"

"그렇지. 성공 요소라는 것은 결국 여러 조사 분석 과정에서 도출되는 것이니까 그 상관관계를 그림으로 그려주면 보는 사람들이 이해하기가 훨씬 쉽지. 너무 어렵게 생각할 것 없이 이런 식으로 간단한 도형과 화살표를 그려주고 거기에 관련 내용들을 적어주면 돼."

그러면서 한 과장은 냅킨에다 볼펜으로 쓱쓱 몇 개의 도형과 선들을 그렸다. 나초보가 고개를 끄덕거렸다. 한눈에 보기에도 내용을 이해하기 쉬웠다.

"아하, 이런 식으로 그림으로 보니까 훨씬 눈에 잘 들어오고 이해하기가 쉽네요. 저도 그렇게 만들어봐야겠어요."

기능성 스포츠 화장품의 성공 요소(KFS)

시장 환경 분석

- 화장품 시장 정체 및 양극화
- 여권 신장에 따른 여성들의
  적극적인 성향으로의 변화
- ……

경쟁사 분석

- A사……
- B사……
- C사……
- ……

소비자 분석

- 잠재수요 높음
- 20대 후반~30대
  초반 직장인
- 가격보다 기능에
  우선
- ……

제품 콘셉트

땀에도 번지거나 뭉치지 않으며
피부 트러블 걱정 없이 마음 놓
고 스포츠를 즐길 수 있는 고급
기능성 스포츠 화장품

성공 요소(KFS)

- 신규 시장 창출, 시장 선점
- 특화된 제품 기능 제공
- 고급 브랜드 이미지
- ……

기획의 3단계. 아이디어 및 기획 전략 도출 과정에서 콘셉트 및 성공 요소 도출.

기획의 1단계에서 기획 과제를 분석하고, 2단계에서 관련 시장에 대한 분석을 마친 후 추출된 결과를 요약해 그 핵심을 뽑아낸 일종의 필살기가 바로 성공 요소(KFS)로군.

기능성 스포츠 화장품의 성공 요소는, 특화된 제품 기능을 제공하고 거기에 고급 브랜드 이미지를 가미한 새로운 상품으로 신규 시장을 선점하는 것. 좋아, 좋아.

마케팅 4P 믹스
― 어떻게 그녀에게 다가가야 할까?

점심시간. 왁자지껄한 소리와 함께 도우미들이 설렁탕 전문점을 홍보하고 있었다. 한 도우미가 나초보와 한 과장에게 다가온다. 개업 기념으로 음식 값이 모두 50퍼센트 할인이라며 호객 행위를 한다. 두 사람은 도우미 아가씨들에게 이끌려 설렁탕집으로 간다.

"한 과장님, 양은 좀 적지만 가격도 저렴하고 먹을 만하네요. 이 집 괜찮은데요."

"그러게. 4P 믹스(Mix)를 잘한 것 같아."

"네? 그게 뭔가요?"

"4P 믹스는 마케팅의 기본 개념인 4P의 조합을 말하는 거야. 이는 마케팅 전략의 하나인데, 제품(Product), 가격(Price), 유통(Place), 판촉(Promotion)이라는 마케팅의 4대 요소를 잘 배합해 각 요소가 시너지 효과를 내게 하고 소비자에게 더 큰 만족을 주는 게 목표지."

"좀 어렵네요."

점심식사를 마친 두 사람은 근처 빌딩 야외 카페에서 커피를 마시면서 마케팅 전략에 대한 이야기를 나누었다.

"'나초보 솔로 탈출 대작전'을 예로 들어 설명해볼까? 나초보가 한나난의 호감을 끌려면 어떤 노력을 기울여야 하는지는 정리했지?"

"네, 문화생활을 함께 즐길 수 있는 자상한 남자를 차별화 전략으로 삼아 초기에 그녀의 마음을 움직인 후, 자기계발을 통한 중장기 비전 제시로 그녀의 마음을 확실하게 사로잡는다는 것이 '나초보 솔로 탈출 대작전'의 성공 요소입니다."

"오, 확실하게 정리가 됐군. 그런데 성공 요소라는 게 다소 원론적인 개념이야. 그래서 그러한 개념을 구현하기 위해서는 '어떻게 그녀에게 다가가 자신을 제대로 보여줄 수 있을지 세부적인 전략'이 필요하지. 너무 고상하면 부담스러워할 테고, 반대로 너무 경박하게 굴면 사람 격이 낮아 보이잖아. 자신이 상대에게 어떻게 보이느냐 하는 게, 기업의 상품으로 치면 곧 가격이라고 할 수 있어. 너무 비싸면 부담을 느끼고 너무 싸면 질이 떨어지는 제품 같아 보이고. 그래서 상대 수준에 맞게 적당한 품격을 유지하는 게 중요하지. 마케팅에서의 가격 정책도 이와 마찬가지야."

"아하, 그렇군요. 그럼 아까 설렁탕집은 저렴한 쪽으로 가격 정책을 세운 거네요."

"그렇지. 가격(Price)은 저렴한 대신에 양이 약간 모자란 듯했잖아? 구체적으로 설렁탕집은 가격대에 비해 맛과 품질은 좋게 유지하면서 양을 조금 줄이는 제품(Product) 전략을 편 거지."

"그렇다면…… 아까 길거리에서 전단지를 나눠 주며 이벤트를 벌인 것처럼 제가 그녀에게 어떻게 하면 잘 보이고 저를 제대로 알릴 수 있을지 고민하는 것은 판촉(Promotion) 전략에 해당하겠군요."

"그렇지! 이제는 척하면 척 알아듣는군."

"그런데 유통은 어떻게 전략을 짜야 할까요? 다른 요소들은 대충 이해하겠는데 유통은 도무지 감이 안 오네요."

반쯤 남은 커피를 홀짝거리면서 나초보는 고개를 갸우뚱거렸다.

"유통 전략은 '나초보 솔로 탈출 대작전'에 대입해 쉽게 이야기하면, 어디서 어떤 식으로 그녀에게 다가가고 만날지를 계획하는 일에 해당한다고 할 수 있어. 예를 들어 그녀가 술을 좋아한다면 좋은 술집을 알아내고, 영화를 좋아한다면 영화 시사회 표를 구해 함께 가자고 제안하는 것 따위가 일종의 유통 전략의 구체적인 내용인 거지."

"아하, 결국 제품을 어디서 어떤 방식으로 소비자가 접할 수 있게 할지 정하는, 판매 경로나 방법에 대한 전략인 셈이군요."

"그래, 그렇다고 볼 수 있지. 기능성 스포츠 화장품은 어떤 식으로 4P 믹스를 하는 것이 바람직할까?"

"제품은 차별화된 고기능성 스포츠 화장품, 가격은 그에 맞는 프리미엄급으로 책정하고, 스포츠 관련 행사장에서 직접 체험해볼 수 있는 체험 행사와 광고를 병행하는 것으로 프로모션을 짜보면 어떨까요? 이왕이면 편의점 등에서도 이 제품을 팔 수 있도록 유통 전략을 짜볼까요? 당장 떠오르는 건 이 정도예요."

한 과장은 고개를 설레설레 흔들었다.

"이런, 이래서 마케팅 4P는 무엇보다 배합이 중요한 거야. 나초보의 제안을 보면, 세 가지는 조화를 이루는데 한 가지가 너무 이질적이야. 이런 경우 제대로 된 믹스라 할 수 없지. 품질은 고기능에 가격은 프리미엄급이라면서, 그런 제품을 편의점에서 판다면 고객들에게 우리가 의도한 게 전달될 수 있을까?"

"정말 그러네요. 제품·가격·판촉은 조화를 이루고 있는데, 유통이 그 분위기에 어울리지 않는군요. 유통은 좀 더 고민해봐야겠지만 일단은 기존의 유통망을 활용하는 편이 더 낫겠네요."

"소비자가 제품을 만나는 '접점'에서 제품, 가격, 유통, 판촉이라는 마케팅의 네 가지 요소를 잘 조합해야 해."

"4P 믹스에 대해 어느 정도 이해한 것 같아요. 한 과장님, 빨리 사무실로 가시죠. 들어가자마자 기능성 스포츠 화장품에 대한 4P 믹스 전략부터 정리해야겠어요. "

"일에 재미를 붙였구만. 점심시간 끝나려면 아직 시간 좀 남았는데?"

마침 도도한이 두 사람이 있는 빌딩 근처를 지나고 있었다.

'나초보하고 전략기획팀 한 과장이잖아? 둘이서 뭘 저렇게 좋다고 떠들어대는 거지? 둘이서 언제부터 저렇게 친해진 거야? 한 과장한테 줄서기라도 하는 건가? 미련한 놈 같으니. 줄을 서려면 고 전무 같은 높은 실세한테 서야지. 하여간 한심하다니까.'

마케팅의 기본 뼈대인 4P, 진화하는 4C

4P는 기업이 상품(서비스)을 고객에게 제공하는 데 가장 기초가되는 마케팅 요소 네 가지를 말한다. 이 네 가지는 서로 연관되어 적절한 일체성을 띠어야 한다. 한두 가지가 나머지 것들과 너무 이질적이 돼버리면 이는 그 자체로 잘못된 마케팅 전략이다. 따라서 각각의 요소가 서로 잘 조화되게끔 혼합하는 것이 중요 포인트라고 할수 있다.

4C는 최근 들어 대두되는 개념으로 4P와 달리 소비자 입장에서본 일종의 구매 요소라고 할 수 있다.

4P가 수요가 공급을 초과하는 시대에 생산자 입장을 대변하는 것이라면, 4C는 공급이 수요를 초과하는 시대에 소비자 입장을 대변하는 마케팅 전략 요소라고 할 수 있다.

마케팅 요소 4P와 4C

구분	4P	4C
무엇을?	Product(제품)	Customer Value(소비자 가치)
어떤 비용으로?	Price(가격)	Cost to Customer(소비자 기회 비용)
어떤 방법으로?	Place(유통)	Convenience(편의성)
어떤 정보로?	Promotion(판촉)	Communication(커뮤니케이션)

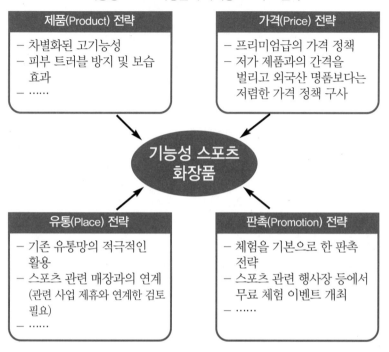

기능성 스포츠 화장품의 마케팅 4P 믹스 전략

제품(Product) 전략
- 차별화된 고기능성
- 피부 트러블 방지 및 보습 효과
- ......

가격(Price) 전략
- 프리미엄급의 가격 정책
- 저가 제품과의 간격을 벌리고 외국산 명품보다는 저렴한 가격 정책 구사

기능성 스포츠 화장품

유통(Place) 전략
- 기존 유통망의 적극적인 활용
- 스포츠 관련 매장과의 연계 (관련 사업 제휴와 연계한 검토 필요)
- ......

판촉(Promotion) 전략
- 체험을 기본으로 한 판촉 전략
- 스포츠 관련 행사장 등에서 무료 체험 이벤트 개최
- ......

며칠 뒤, 신상품개발팀의 회의 시간. 도도한과 나초보가 각각 저가 화장품과 기능성 스포츠 화장품 기획을 보완한 내용을 발표하고 있다.

나초보는 기능성 스포츠 화장품의 성공 요소(KFS)와 마케팅 4P 믹스 전략을 발표했다. 그러자 모두들 깜짝 놀란 눈치다.

"제품 콘셉트부터 성공 요소 그리고 마케팅 전략까지. 고생 많이 했군."

그러면서도 진 팀장은 신상품개발팀 팀장답게 날카롭게 한마디

덧붙이는 것을 잊지 않았다.

"그런데 유통 전략에서 스포츠 관련 매장과의 연계는 해당 매장이나 업계를 직접 접촉해보고 분위기를 파악한 후에 나온 건가요?"

"네? 그게…… 관련 자료를 분석해봤더니 충분히 가능성이 있어 보였습니다."

"그렇게 자료로만 모든 것을 결론내면 안 돼요. 자료와 현실은 엄연히 다른 거라고요. 내가 그쪽은 조금 아는데, 스포츠 매장에서 다른 연계 상품을 파는 것이 쉽지 않아요. 생각해보세요. 인라인스케이트를 팔던 매장에서 갑자기 화장품을 팔려고 하면 어디 쉽겠어요? 나초보 씨가 여자라면 그런 상황에서 화장품을 사겠습니까? 그렇다고 화장품 판매를 위한 별도의 판매원을 두는 것도 수지 타산에 문제가 있어 모두들 주저할 거고요."

진 팀장의 지적에 나초보는 그만 할 말을 잊었다.

"그래서 모든 기획에 있어서, 책상에 앉아 모든 것을 해결하려고 하지 말고 현장에 직접 나가 체험해보는 자세가 필요한 거예요. 이번에는 단지 기획안이라 나한테 이렇게 지적받는 것으로 끝나지만 그런 안일한 자세로 기획한 안이 실제로 추진되었을 때 어떤 일이 벌어지겠어요? 지금 발표한 자료와 실제 내용을 직접 확인하고 점검한 뒤에 다시 보고하세요."

그렇게 싸늘한 분위기 속에서 도도한이 저가 화장품 기획안을 발표했다.

"제품 콘셉트는…… 저가입니다. 이 제품의 유통 전략은……."

"싸다는 것이 제품 콘셉트의 전부인가? 가격 외 제품 자체의 특성은 무엇이며 어떤 근거에 의해서 그 제품이 성공할 수 있다는 것인가?"

도도한의 발표를 중간에 끊고 진 팀장이 기획안의 미흡한 점을 지적했다. 진 팀장의 예리한 지적에 도도한이 장황한 설명을 늘어놓았다. 하지만 제품 콘셉트와 성공 요소가 명확하지 않을 뿐만 아니라, 가격과 유통에만 치우치는 바람에 제품이라는 가장 중요한 요소를 간과하고 말았다.

퇴근 시간. 회의는 싸늘한 분위기로 끝났다. 신상품개발팀의 착 가라앉은 분위기가 퇴근 시간까지 이어졌다. 나초보는 문득 한나난을 떠올렸다. 그녀의 목소리도 듣고 싶고 스포츠 용품 매장에서 기능성 스포츠 화장품을 판매하는 것에 대한 의견도 물어볼 겸 한나난에게 전화를 걸었다.

"네, 여보세요? 어머, 나초보 씨 안녕하세요?"

나초보는 소비자 입장에서 그런 판매 방식이 어떤지에 대한 그녀의 답변에 기분이 좋아졌다. 그래서 회의 때 진 팀장이 대머리를 번쩍이며 자신을 질타했다느니 하면서 이런저런 얘기를 주절거렸다. 그런데 그녀의 목소리가 갑자기 냉담해졌다.

"나초보 씨, 사람 외모 가지고 그러는 거 아녜요. 제가 지금 해야 할 일이 많아서 전화 끊어야겠네요."

그러고는 전화가 끊겼다. 그녀의 갑작스러운 태도 돌변에 나초보는 잠시 당황했다. 그녀가 사람의 외모나 콤플렉스를 가지고 놀리는 것에 거부감을 가지고 있다는 것을 나초보가 미처 몰랐던 것이다.

○월 ○일 기획 일기

기획의 3단계. 아이디어 및 기획 전략 과정에서의 마케팅 4P 믹스.

그녀에게 내가 자상하고 따뜻한 사람(Product)임을 알리기 위해 함께 적절한 품격(Price)을 갖춘 영화관(Place)에 가고, 분위기 좋은 곳에서 이벤트(Promotion)를 해주어야 할 텐데.

하지만 자료를 확인하고 검증하는 과정을 소홀히 한 탓에 오늘은 실패의 연속이다. 기능성 스포츠 화장품은 유통 전략을 제대로 점검하지 않아서 진 팀장에게 깨졌고, 나난 씨에게는 내가 '품위 없게(값싸게)' 굴어 그녀를 실망시킨 것 같다.

브랜드 전략

– 그녀가 나에게 필이 꽂히게 하는 확실한 포인트!

"도도한 씨, 나초보 씨, 명동 매장 리모델링 공사 시작했다니까 가서 살펴보고 다른 경쟁사 점포들도 들러 정보 좀 파악해봐요. 참, 그리고 오늘 회식 있는 거 알지? 시간 맞춰서 돌아오도록 하고."

진저리 팀장의 지시로 나초보와 도도한 두 사람은 명동 매장으로 외근을 나갔다. 거기에서 둘은 한나난을 만났다. 반가운 마음에 나초보가 인사를 건네려는데 그녀의 눈길이 어쩐지 둘을 피하는 것만 같았다. 다른 때와는 달리 도도한도 그녀에게 말도 걸지 않고 모른 체하는 것이 아닌가?

'두 사람 오늘 왜 이리 싸늘한 거지? 싸웠나?'

나초보가 의아해하는 가운데 도도한이 한나난의 뒷모습을 보며 말했다.

"수준이 안 맞아서 말이지. 보기엔 멀쩡해 보이는데, 괜히 시간 낭비만 했다니까!"

"그게 무슨 소리냐?"

"넌 몰라도 돼, 임마."

회사 근처 호프집 'Drink Me If You Can'.

"요즘 나초보 씨 기획 잘하던데. 예전과는 사람이 달라진 것 같아."

나초보는 진 팀장의 칭찬이 쑥스러워 머리를 긁적거렸다. 도도한
이 들으라는 듯 큰 소리로 떠들었다.

"굼벵이도 구르는 재주가 있다더니, 제법이네."

"뭐가 어째?"

"두 사람 입사 동기라서 그런지 친하면서도 경쟁심이 대단하네. 선
의의 경쟁은 좋지만 너무 신경 곤두세우지는 말라고. 자, 모두 한잔합
시다. 건배!"

순간 썰렁해진 분위기가 진 팀장의 건배 제의로 다시 화기애애해
졌다. 신상품개발팀 모두가 왁자지껄하게 웃고 떠드는 사이, 나초보
는 취기가 올라 밖으로 나왔다. 찬바람을 쐬니 가슴 한편이 시려오면
서 한나난이 떠올랐다.

"무슨 안 좋은 일이라도 있냐? 너 이런 모습 처음 본다."

화장실을 다녀오던 도도한이 나초보를 보며 말했다.

"아무것도 아니야."

"아니긴 뭐가 아냐? 왜 혼자 궁상이야? 너 혹시 한나난 생각하
냐? 인마, 아서라. 그런 알맹이 없는 여자 뭐 볼 게 있다고? 아니지.

그래, 오히려 네 수준에는 그런 애가 딱 맞겠군."

"그게 무슨 소리야?"

"걔 말이야. 뭣 좀 있는 집 앤 줄 알았더니 부모도 없이 친척 집에서 자란 고아란다. 내가 미쳤지. 그런 애한테 시간이나 낭비하고 있었다니. 큰일 날 뻔했어. 너, 마음에 있으면 잘해봐라."

"이 자식이, 뭐가 어쩌고 어째? 뭐? 그런 애? 낭비? 무슨 말을 그렇게 해?"

화가 머리끝까지 난 나초보가 도도한의 멱살을 잡고 벽으로 밀어붙이며 윽박질렀다.

"이 자식이 왜 이래? 이게 미쳤나. 야! 너 깡패야? 이거 못 놔? 한번 해보자는 거야?"

시끄러운 소리에 놀란 동료들이 어느새 몰려들어 두 사람을 뜯어말렸다.

팀 회식이 끝나고 분이 안 풀린 나초보는 근처의 '나 홀로 술집에'에 갔다. 혼자서 술을 더 마셨다. 그러고는 한나난에게 전화를 했다.

"나난 씨, 도도한 같은 놈은 그냥 잊어버리세요. 마음에 두지도 마세요. 아무 걱정 마세요. 제가요…… 나난 씨…… 제가……."

거기까지 말하다 말고 나초보는 술에 취해 테이블에 엎드려 그대로 잠이 들었다.

일마 후, 나초보는 팀 회식이 있던 날 있었던 일들을 한 과장에게 이야기했다.

"글쎄, 그런 일이 있었어요…… 제 딴에는 나난 씨 위로해준다고 전화를 했는데 술에 취해서 그만 횡설수설하고 말았어요. 뭐라고 했는지 기억도 안 나요."

한 과장은 별말 없이 나초보의 이야기를 묵묵히 들었다.

"이런, 한나난 씨에게 남성들의 브랜드 이미지가 완전히 잘못 박혀버렸겠군. 도도한이라는 브랜드의 이미지는 자신감 넘치고 능력 있는 매력남 같았는데 알고 보니 자신의 출세를 위해서라면 다른 사람을 이용하는 것도 마다하지 않는 몰염치한 인간이고, 자기 일에 성실하고 자상한 줄 알았던 나초보라는 브랜드 이미지는 알고 보니 주정뱅이니. 나난 씨의 실망이 크겠군."

말은 그렇게 하면서도 한 과장은 내심 나초보의 인간적인 면이 마음에 들었다. 한 과장은 담담하게 나초보를 타일렀다.

"자, 기운 내고 내 말 잘 들어봐. 지금부터는 나초보라는 사람의 이미지가 그녀에게 술주정뱅이로 고정되기 전에 빨리 새로운 이미지를 부각시켜야 해. 참신한 브랜드 전략이 필요하단 말이야."

"참신이요?"

"그래, 나초보의 인간적이고 자상한 모습을 그녀에게 선보일 기회를 만들어야 해. 그래서 나초보라는 브랜드 이미지를 개선하는 거야."

"흠…… 그런 게 있었군요. 나의 위상을 높이기 위한 브랜드 전략이라……."

나초보는 고개를 끄덕거렸다.

"브랜드 전략은 기획에서도 동일하게 적용돼. 기능성 스포츠 화장품도 브랜드 전략을 잘 세워야 시장에서 성공할 수 있지, 뭐 떠오르는 아이디어 없나?"

"전부터 생각해둔 게 있는데요. '두잇'이라는 브랜드는 어떨까요? 'Doit'. 기존의 화장품 브랜드들이 모두 예쁘고 아름다운 느낌만 강조해왔잖아요. 그러니 이번엔 건강하고 강한 여성미를 강조하는 이미지로 접근하는 거예요. '하고 싶은 것, 얼마든지 즐겨라. 곱고 건강한 피부는 우리가 지켜준다 두잇', 어때요?"

한 과장은 나초보의 아이디어가 아주 마음에 들었다.

'보면 볼수록 대단한 녀석이야. 역시 내가 흙 속의 진주를 찾은 거 같아. 그래, 조금만 더 발전하면 내 계획대로⋯⋯.'

"아이디어 괜찮죠? 소니의 '워크맨'이라는 고유명사가 휴대용 카세트 녹음기를 가리키는 일반명사가 되었듯이, 'Doit'을 단순한 화장품 브랜드명이 아닌 건강한 아름다움을 대변하는 일반명사가 될 수 있도록 브랜드 기획안을 만들어볼게요."

잠시 다른 생각에 잠겼던 한 과장은 나초보가 신이 나 떠드는 소리에 문득 정신을 차리고 나초보를 바라보았다.

"응, 그래. 그렇게 해봐."

브랜드 전략의 중요성

누군가를 떠올릴 때 이렇게 저렇게 분석한 다음 느낌을 떠올리는 사람은 없다. 생각하는 순간 바로 '재수 없어', '귀여워', '마음에 들어' 하면서 단박에 그 사람에 대한 느낌이 떠오른다. 회사나 상품에 대한 느낌도 마찬가지다. 따라서 브랜드에 대해 직관적으로 좋은 느낌을 심어주는 것, 긍정적인 감정을 연상하게 하는 것이 중요하다.

아무리 좋은 제품을 만들어도 브랜드 이미지가 나쁘면 상품 자체도 좋은 평가를 받기 어렵다. 반대로 브랜드 이미지가 좋으면 상품 역시 좋은 평가를 받게 된다. 어떤 한 제품의 디자인이나 성능 따위가 절대적으로 좋고 나쁜 것들로만 이루어져 있지 않기 때문이다. 제품 안에 내재된 가치중립적인 디자인이나 성능이 브랜드 이미지를 통해 좋게, 혹은 나쁘게 평가되는 것이다.

이러한 이유로 기업체들은 좋은 브랜드 이미지를 창조하고 유지·발전시키기 위해 엄청난 노력을 기울인다. 제품명이나 기업의 로고, 심벌뿐만 아니라 보이지 않는 이미지를 제고하기 위해 사회봉사 활동에 이르기까지 다양한 활동을 펼친다.

기능성 스포츠 화장품 브랜드 기획안

개요	기존 화장품 브랜드의 곱고 예쁘고 연약한 이미지에서 탈피해 '건강하고 강하면서도 아름다움을 선사하는 화장품'이라는 브랜드 이미지를 고객에게 제시함.
의미	'Doit'은 '하고 싶은 것을 하라'는 의미로, 고객은 하고 싶은 야외 스포츠를 맘껏 즐기고 피부는 'Doit'이 지키겠다는 의미를 내포. 예제: a partner for your face, 'Doit'
효과	Doit이라는 기능성 스포츠 화장품을 통해 피부 트러블 걱정 없이 마음 놓고 스포츠를 즐기는 강한 여자, 자신 있는 여자가 될 수 있다는 이미지를 고객에게 심어줄 수 있음.

＊ 나아가 Doit은 단순한 화장품 이름이 아니라 건강한 아름다움을 대변하게 함.

기능성 스포츠 화장품의 로고 심벌 시안

기획의 3단계. 아이디어 및 기획 전략 도출 과정 중 브랜드 전략.

그녀가 나를 술주정뱅이가 아닌 멋진 남자로 생각할 수 있도록 내 이미지를 잘 관리하는 것이 바로 브랜드 전략이군. 선수들은 바로 이런 브랜드 전략을 잘 구사해서 여자들이 '아무개?' 하면 바로 '어머, 멋져!'라는 감탄이 나올 수 있도록 하는 거구나.

그렇다면 일명 '비호감 전략'으로 승부하는 연예인들은 정공법 대신 역으로 자신의 브랜드 이미지를 제고하고 있는 건가? 비호감인 줄로만 알았던 연예인이 실은 이런 모습을 갖고 있더라, 하면서 다시 돌아보게끔 말이다.

기업에서도 이런 식의 브랜드 전략을 구사해볼 수는 없을까?

기획의 4단계

– 구체적인 기획 전략 세우기(관련 부문별 세부 전략 도출)

기획 업무는 단순히 기획 담당자가 책상에 혼자 앉아 보고서 하나 달랑 만들어내는 일이 아니다. 사업 기획을 실제로 추진 하기 위해서는 관련된 다른 많은 부서나 담당자들의 협조와 공동 작업이 필요하다. 그래서 사업 추진 전에 일정을 짤 때 부터 관련 부서의 사정을 감안해서 미리 조정하고 협조를 받 아야 한다.

단계별 추진 전략
- 그녀와의 데이트 일정은 어떻게 짜야 할까?

　그동안 나초보는 4P 믹스를 이용해 기본적인 마케팅 전략과 'Doit'이라는 브랜드 전략을 수립하여 어느 정도 기획의 틀을 마련했다. 그러는 동안 제품 콘셉트와 관련 자료를 연구소와 생산 부서에 보내 개발 예상 비용과 기간 등에 대한 의견과 자료를 요청했다. 그런데 무슨 일인지 지난주까지 의견을 알려주고 자료를 보내준다던 각 실무 부서 담당자들이 계속 답변을 미루고 있었다.

　"나초보 씨, 기능성 스포츠 화장품 세부 기획안 작업은 잘되어 가나? 언제쯤 임원진에게 프레젠테이션할 수 있을 것 같나?"

　"글쎄, 그것이…… 지난주까지 관련 부서에서 제품 생산에 대한 자료를 보내준다고 했는데 아직 받지 못해서요. 그래서 세부 계획을 못 세우고 있습니다."

　"그렇게 마냥 기다리다가 언제 기획안 완성하고 제품 만들어서 시장에 내놓겠어? 손 놓고 앉아서 기다리지만 말고 담당자들 쫓아다니면서 독려도 하고 그러라고. 다음 주까지 일정 계획 세워서 보고하도록 해."

나초보는 진 팀장에게 현재의 상황을 설명했지만 오히려 핀잔만 듣고 말았다.

"그리고 도도한 씨. 저가 화장품 기획안 자료 보완은 잘 진행되고 있나? 언제쯤 다시 받아볼 수 있겠어?"

도도한은 흠칫했다.

"아, 네, 잘 진행되고 있습니다. 조만간 보고드리겠습니다."

그러나 도도한은 내심 딴생각을 하고 있었다.

'나는 우리 회사 최고 실세인 고단수 전무의 특명을 수행 중인 몸이라고. 당신한테 보고하는 건 아무 의미가 없어.'

관련 부서에서 자료를 늦게 넘겨주는 바람에 세부 기획안을 작성하느라 주말에도 출근하게 된 나초보.

'이렇게 많은 자료를 이제야 보내주면 어쩌자는 거야? 그것도 계속 졸라야 겨우겨우 주다니. 자기네들은 넘겨주면 끝이지만 나는 이제부터 시작인데, 이번 주말은 일에 파묻혀 살아야겠군.'

사무실에 혼자 있으려니 쓸쓸하고 외로웠다. 그러자 한나난이 보고 싶어졌다.

'그러고 보니 그날 나난 씨에게 술 취해서 횡설수설하고 미안하다는 말도 못했네. 이런, 나를 완전 주정뱅이로 생각을 굳히기 전에 얼

른 다른 좋은 모습을 보여야 할 텐데. 우선 연락부터 해봐야겠다.'

나초보는 한나난에게 전화를 걸었다.

"여보세요? 나난 씨? 나초보입니다. 저번에는 제가 실수했습니다. 위로해드린다는 게, 그놈에게 너무 화가 나서 그만……."

"……."

수화기 저편에서는 아무런 대꾸도 없었다. 잠시 정적이 흐른 뒤 한나난이 천천히 말문을 열었다. 목소리는 가라앉아 있었다.

"네. 괜찮아요. 나초보 씨 마음 알아요. 무슨 말을 하려고 하셨는지……. 그냥, 요즘엔 저 자신이 너무 작고 초라하게 느껴져요."

나초보는 자신이 한나난에게 위로가 되고 있다는 느낌이 들어 한편으로는 다행스러웠지만, 다른 한편으로는 그녀가 받은 상처가 어렴풋이 느껴져 마음이 아팠다.

"나난 씨, 그런 생각 말아요. 나난 씨는 결코 작고 보잘것없는 존재가 아니에요."

'나 같은 사람만 해도 나난 씨의 한마디 한마디에 울고 웃는다고요.'

나초보는 한나난을 웃기려고 노력했다. 진심이 통했는지 한나난은 결국 웃음을 터뜨렸다. 한나난은 그의 순수하고 따뜻한 마음을 느낄 수 있었고, 타인이 자신을 위해 진실로 노력하는 것에 어두웠던 기분이 한결 나아졌다. 한나난은 그렇게 미안하면 언제 맛있는 저녁이나 사라고 했다. 나초보와 한나난의 통화는 서로 웃으며 끝났다.

전화 통화를 끝내고도 나초보는 한참 동안 혼자 싱글벙글하면서 한나난과의 행복한 데이트를 상상했다.

혼자 상상의 나래를 펴 연애소설을 쓰던 나초보는 문득 배가 고팠다. 그래서 무심히 넓은 사무실을 둘러보았다. 아까까지만 해도 나초보 외에는 사람 하나 없던 사무실에 누군가 책상을 차지하고 밀린 업무를 보고 있었다. 전략기획팀의 한 과장이었다.

"한 과장님, 주말인데 나오셨네요. 뭘 그렇게 열심히 하세요?"

한 과장은 흠칫 놀라면서 황급히 작업하던 컴퓨터 워드프로세서 문서 화면을 닫아버렸다.

"으응, 아니 뭐 별거 아니야. 그런데 나초보는 주말에 웬일이야?"

"연구소랑 생산 부서에 기능성 스포츠 화장품 개발과 생산에 관한 예상 일정과 비용 등에 관한 자료를 요청했었거든요. 그런데 너무 늦게 넘겨받는 바람에 이제야 일정 계획을 짜기 시작했어요."

"그래? 일정 계획은 나만 잘한다고 되는 게 아니라 관련 부서와의 협조가 중요하지. 그래서 항상 타 부서의 진행 상황을 몇 번이고 확인하면서 작업의 선후 관계를 잘 설정해야 해."

"네, 맞아요. 저도 이번에 느꼈어요."

한 과장의 말에 나초보는 고개를 끄덕였다.

"그나저나 그 아가씨랑은 잘돼가?"

"아, 그러잖아도 조만간 만나기로 했어요. 드디어 본격적인 데이트가 시작됩니다. 으하하!"

나초보는 함박웃음을 지었다.

"그래? 잘됐네. 너무 좋아하는데? 그런데 데이트 계획은 잘 세워뒀어? 이번에 잘해서 술주정뱅이 이미지를 싹 벗어야지."

"일단 카페에서 차 한 잔 마시면서 가볍게 대화를 나누다가 영화 한 편 보고, 그런 다음 근사한 곳으로 옮겨 같이 저녁 먹으려고요."

"아주 전형적인 데이트 코스로군. 그렇게 몇 번 영화도 보고 저녁도 먹고 술도 마시고 또 교외로 드라이브도 나가고 친구들에게 소개도 시키고, 그렇게 저렇게 해서 서로 깊이 사랑하게 되면 부모님께 인사를 드리고, 그러고 나서 결혼 허락을 받으면 바쁘게 준비해서 결혼 골인, 오케이?"

"와, 줄줄 나오네요? 역시 선수는 다르다. 놀랍습니다. 한 과장님."

"전체적인 계획은 그렇다 치고 단계별 구체적인 계획은 있나?"

"흠, 우선 요즘 어떤 영화가 괜찮은지 알아보고 예약하고요, 데이트하기 좋은 장소도 물색하고, 예산에 맞게 데이트 비용도 미리 생각해봐야겠죠. 형한테 졸라서 차도 빌리고요. 아 참, 친구 녀석이 놀이동산에 근무하는데 거기서 어떤 이벤트를 할 수 있는지 물어봐야겠다. 아! 머리가 복잡하다. 정리가 안되네."

"그렇게 복잡하게 머릿속으로만 고민할 것이 아니라 일정을 표로 만들어보라고."

한 과장은 자신의 PC 일정 관리 프로그램을 이용해 나초보와 한나난의 데이트 일정을 짜기 시작했다.

그녀와의 데이트 일정 *자료: MS-Project

작업 이름	00년 00월
	목 금 토 일 월 화 수 목 금 토 일 월 화 수 목 금 토 일 월 화 수 목 금 토
⊟ **기본 데이트**	
영화 관람	
미술관 가기	
와인과 식사	
⊟ **그녀와의 드라이브**	
형차 세차해주기	
형한테 졸라대기	
드라이브	
⊟ **사랑고백하기**	
선물 준비	
놀이동산 이벤트 준비	
사랑 고백	

"크게 '기본 데이트' '그녀와의 드라이브' '사랑 고백하기'라는 3개의 주요한 작업 일정 아래 세부적인 일정을 정리한 거야. '그녀와의 드라이브'를 위해서는 차가 필요한데 나초보는 현재 차가 없기 때문에 형한테 차를 빌려야 하지. 그래서 드라이브 며칠 전부터 형한테 잘 보이기 위해 세차도 해주면서 차를 빌려달라고 조르는 작업을 일정에 포함시켰어. 도표를 자세히 보면 '형한테 졸라대기'와 '드라이브'라는 작업이 화살표로 연결되어 있는 것을 볼 수 있지?"

"네, 그러네요. 이건 무슨 뜻이죠?"

"그것은 '졸라대기'라는 선행 작업이 성공해야 '드라이브'라는 작업을 시작할 수 있다는 거야. 즉 작업의 선후 관계가 밀접하게 연결되어 있기 때문에 선행 작업이 제대로 완료되지 않으면 후속 작업이 차질을 빚게 된다는 거지. 그래서 '졸라대기'는 다른 작업과는 달리

'드라이브'의 시작을 위해 매우 신경 써서 완료해야 하는 작업이야."

"오호, 이렇게 정리하니까 일목요연하네요?"

한 과장이 일정 관리 프로그램으로 정리한 데이트 일정표를 보면서 나초보는 감탄을 연발했다. 그러자 한 과장이 정색을 하며 말했다.

"두 사람이 연애하는 데도 단계별 추진 일정이 이렇게 복잡한데, 하물며 회사의 신사업 기획에는 얼마나 복잡하고 신경 써야 할 사항이 많을지 두말하면 잔소리겠지?"

"네, 명심하겠습니다."

"그리고 언제 어디서 무슨 일로 일정이 지연될지 모르기 때문에 일정은 항상 예상보다 여유 있게 잡아야 해. 여분의 '나만의 일정'을 따로 짜서 관리해야 되는 거야."

TIP 남이 아는 일정과 나만 알고 있는 일정은 다르다 — 자기만의 일정 계획

업무를 수행하다 보면 항상 일정과의 전쟁이 발생한다. 자기 혼자 관련된 것이면 야근을 하든지 해서 일정을 맞추겠지만 대부분의 일정 지연은 다른 요인(동료, 관계 부서, 협력 업체 등) 때문에 발생하기 일쑤다.

그래서 항상 일정 관리를 할 때는 공식적인 일정에 +α의 여유일을 두어야 한다. 예를 들면, 공식적으로는 한 달을 예상해 일정을 협의하고, 예상치 못한 변수를 감안해 한 달 보름짜리 자기만의 일정 계획도 세워져 있어야 한다는 말이다.

한 과장의 말에 나초보는 연신 고개를 끄덕였다. 평소에 진저리 팀장이 일정에 대해서 그렇게도 잔소리를 늘어놓은 이유를 이해할 수 있을 것 같았다.

나초보는 한 과장이 가르쳐준 대로 기능성 스포츠 화장품 기획의 단계별 추진 전략 일정을 분야별로 나누어 정리해 진 팀장에게 보고했다.

단계별 추진 전략(일정 관리)은 왜 필요한가?

기획 업무는 단순히 기획 담당자가 책상에 혼자 앉아 보고서 하나 달랑 만들어내는 일이 아니다. 사업 기획을 실제로 추진하기 위해서는 관련된 다른 많은 부서나 담당자들의 협조와 공동 작업이 필요하다. 그래서 사업 추진 전에 일정을 짤 때부터 관련 부서의 사정을 감안해서 미리 조정하고 협조를 받아야 한다.

그리고 단계별 추진 전략을 수립할 때에는 담당 부서·작업·담당자를 명확히 구분해놓아야 한다. 도표에서처럼 기획, 마케팅, 개발/생산 등으로 분야별 작업을 구분해놓고 세부 항목과 일정을 정리해두어야 한다. 그리하여 문제가 생겨 일정이 지연되면 그 원인을 파악해 의사 결정권자에게 보고하고 해결 방법을 찾을 수 있도록 해야 한다. 나는 잘하고 있는데 다른 사람이 잘못해서 전체 일정이 지연되고 있다고 사업 진행을 방기하는 것은 기획자로서 기본을 망각하고 책임을 회피하는 행위다.

기획자는 나만 잘하면 되는 위치에 있는 사람이 아니라 그 기획 전체를 제대로 추진해나가야 하는 책임자임을 잊지 말아야 한다.

단계별 추진 전략 일정

작업 구분	세부 항목	○○년		○○년			
		11	12	1	2	3	4
개요	- 프로젝트 개시 - 프로젝트 전체 계획 수립 - 프로젝트 세부조직 구성 및 업무 분장	▬					
기획	기획 과제 정의	▬					
	시장분석(소비자)		▬				
	제품 아이디어 도출			▬			
	제품 컨셉 및 KFS			▬			
	세부 실행 계획 수립				▬		
	프레젠테이션 및 의사결정				▬		
마케팅	마케팅 기본 계획 수렴			▬			
	사전 마케팅 작업					▬	
	제품 출시 이벤트 실시						▬
개발/생산	제품 개발 일정/비용 산출			▬			
	제품 성분 연구				▬		
	시제품 개발 및 테스트					▬	
	제품 보완 및 완제품 출시						▬

기획의 4단계. 구체적인 기획 전략 세우기 중 첫 번째인 단계별 추진 전략.

결국 모든 일은 일정을 잘 정리하고 단계별로 해야 할 일을 제대로 기획하는 것이 중요하다는 걸 알았다. 뿐만 아니라 그 모든 계획이 실제로 진행될 수 있도록 관리하는 것도 기획자의 의무이자 책임이라는 것을 알았다.

관련 부서 담당자들의 말만 믿고 가만히 앉아서 기다릴 것이 아니라 정확한 일정 진행을 위해서 기획자가 직접 나서기도 해야 한다. 관련 부서나 실무자들이 주장하는 일정을 참고해야겠지만 사업 기획자 입장에서도 주체적인 일정 계획을 수립해놓아야 한다.

'담당자가 한 달을 말하면 나는 한 달 반이라 알아듣고 거기에 맞게 일정에 대한 대비를 해두자. 두 달 이상으로 지연될 최악의 경우도 생각해두자.'

자금 · 손익 기획
― 데이트 비용이 만만치 않군, 어떻게 마련해야 할까?

주말에도 출근해 일을 한 덕에 나초보는 팀 회의 때 기능성 스포츠 화장품 사업 기획의 일정 계획을 깔끔하게 발표할 수 있었다. 나초보는 관련 부서와 실무진들의 문제로 일정이 지연될 수 있다는 것을 반영하여 관련된 작업별로 책임 소재를 명확하게 보고서에 명시했다.

평소에는 진 팀장에게 아부를 못해 안달이던 도도한이 이날은 이상하게 보고서도 내놓지 않고 발표도 설렁설렁하면서 진 팀장을 무시하는 듯한 태도를 보였다. 진 팀장은 화가 나 도도한을 심하게 질책했다. 그런 도도한의 태도에 팀원들은 모두들 의아해했다. 나초보만 돌아오는 주말 데이트 약속에 들떠 그런 분위기를 눈치채지 못하고 있었다.

토요일. 나초보가 한나난과 첫 데이트를 하는 날이었다. 형에게

빌린 차를 약속 장소 근처 공영 주차장에 세워놓고 부리나케 약속 장소로 향하는데 할머니 한 분이 무거운 짐을 들고 버스 정류장 쪽으로 걸어가고 있었다. 나초보는 얼른 할머니에게 달려갔다.

"할머니, 이리 주세요."

한나난과의 약속 시간이 촉박했지만 할머니를 도와주는 이가 아무도 없어 나초보는 할머니의 짐을 버스 정류장까지 옮긴 후에 다시 약속 장소로 향했다.

먼저 약속 장소에 도착한 한나난은 그런 나초보의 모습을 멀리서 지켜보고 있었다.

"늦어서 죄송해요, 원래는 일찍 왔는데…… 그 뭐냐……."

"알아요. 다 봤어요. 어머! 땀 좀 봐."

한나난은 손수건을 꺼내 나초보 이마에 난 땀을 닦아주었다.

가뜩이나 숨이 찬데 한나난의 손길에 나초보는 갑자기 숨이 탁 막히며 정신이 혼미해졌다.

"어머! 나초보 씨, 왜 그래요? 괜찮아요?"

간단히 차를 마시며 표를 예매한 영화 상영 시간을 기다리던 두 사람은 그날 새로 개봉한 영화를 본 후 근처 이탈리아 레스토랑에 갔다.

"저는 크림치즈스파게티 먹을게요."

"그럼 저도 같은 거 먹을게요."

그녀가 크림치즈스파게티를 좋아한다는 말에 나초보도 같은 것을 주문했지만 사실 그는 느끼한 음식은 별로 좋아하지 않았다. 그런데 이상하게도 그녀와 즐겁게 이야기를 나누면서 먹어서인지 크림치즈스파게티도 제법 먹을 만했다.

즐겁게 식사를 끝내고 계산을 하려는데 나초보의 신용카드가 한도 초과였다. 현금으로 계산을 하려고 했지만 가지고 있는 현찰로는 어림도 없는 금액이었다. 그녀가 계산대 가까이 다가오자 나초보 이마에 땀이 송골송골 맺혔다. 나초보는 안절부절못하며 다시 지갑을 뒤지는데 일전에 친구 부탁으로 만들어두고 사용하지 않은 신용카드가 그제야 눈에 들어왔다. 그렇게 나초보는 가까스로 위기를 넘겼지만, 첫 데이트인데 자금 관리를 꼼꼼하게 하지 못한 탓으로 하마터면 큰 망신을 당할 뻔했다.

다시 한 주가 시작되었다. 나초보는 한나난과의 장밋빛 미래를 상상하면서도 앞으로 데이트 비용이 만만치 않을 것이라는 생각에 주머니 사정이 고민이었다.

진저리 팀장도 다른 이유로 비슷한 고민을 하고 있었다. 최근 회사의 자금 사정이 안 좋아진 것은 알고 있었지만, 이를 감안하더라도 매출에 비해 너무 심각해졌다는 느낌이 들었다. 특히 경리팀에 근무하는 학교 후배 김 과장이 일전에 만났을 때 요즘 업무 스트레스가 심하다고 한 것이 자꾸 마음에 걸렸다. 뭔지 모르지만 회사 내에서 모종의 음모가 꾸며지고 있는 것은 아닌가 하는 생각이 들었다.

'뭔가가 있는 것 같아. 고 전무도 그렇고.'

불같은 성격 때문에 회사 내에서 그를 어려워하는 사람들이 많지만 꼼꼼한 업무 처리나 나름대로 한눈팔지 않고 회사를 위해서 열심히 일해온 성실함은 누구나 인정하는 것이었다.

휴게실.

"어이, 나초보. 데이트는 잘했나?"

"쉿! 한 과장님, 왜 그렇게 크게 말하세요. 데이트 잘했죠. 오늘 점심이나 같이 드시죠. 드릴 말씀도 있고요."

점심시간.

"하하! 망신당할 뻔했군. 그렇기에 자금 기획을 잘 짰어야지."

"자금 기획이요?"

"사업 기획을 실제로 실행할 때는, 먼저 필요한 자금을 예상하고 어떻게 자금을 조달해서 어떻게 사용할지 자금 기획을 세워야 해. 그래야 언제, 어떤 항목에 자금이 소요되며, 언제 그것이 현금화되어 다시 회사로 흘러오게 될지를 예측할 수 있거든. 나초보는 둘이서 연애하는 데도 데이트 비용 때문에 문제가 생길 뻔했잖아. 그런데 기업에서 진행하는 사업은 당연히 '돈'에 관련된 사항들이 훨씬 더 복잡하겠지? 기업이나 사업이 크면 클수록 더욱 그러하겠지."

"정말로 그렇겠네요."

"사업 기획에는 손익 기획이라는 것이 있어. 매출과 비용은 어느 정도가 될 것이고 그것을 기준으로 향후 월별·분기별·연도별로 매출에서 비용을 제한 수익이 얼마나 될 것인지 예상해서 수립하는 일종의 자금 계획이지. 이렇게 꼼꼼하게 점검을 해도 적지 않은 실무자들이 실제 상황에선 이미 투입된 돈이 아까워 잘못된 사업을 계속 진행하는 '콩코드 오류'를 범하기도 해. 그리하여 더 큰 손실을 보기도 하지."

"어떻게 하면 가계부를 흑자로 만들 수 있을지 계획하는 것과 같군요. 그런데 그건 말 그대로 예상인데 앞일을 어떻게 알 수 있어요?"

"물론 추정을 하는 것이기 때문에 실제로는 차이가 날 수 있지. 그렇기에 최대한 객관적인 자료를 가지고 작성해야 해. 보통 상품 기획이나 사업 계획은 3~5년 정도를 기준으로 손익에 대한 계획을 세우고 그 기간 내에 흑자 구조로 전환된다는 내용이 '숫자'라는 형태로 명확히 제시되어 있어야 해."

"그런데 그러한 기획을 하려면 회계나 경리 업무에 대한 지식이 좀 있어야 하지 않을까요?"

자금에 대한 기획을 하려면 다른 분야의 기획과는 달리 돈 계산을 잘해야 될 것 같은 생각이 들자 평소 '숫자'에 약한 나초보는 갑자기 자신이 없어졌다.

"물론 자금·손익 기획을 하려면 나초보 말대로 어느 정도 회계 지식이 필요하지. 그래서 회계나 경리 같은 자금 관련 부서의 협조를 받아서 기획을 하게 돼. 그렇게 한두 번 기획하다 보면 기본적인 사항은 이해할 수가 있으니까 그렇게 겁먹은 표정은 짓지 말라고. 내가 도와줄 테니까 기능성 스포츠 화장품의 자금·손익 기획을 한번 해 보자고."

기능성 스포츠 화장품의 자금·손익 기획

1. 개요

기능성 스포츠 화장품의 연구·개발 및 생산 판매를 위해 필요한 자금 기획과 매출 및 손익 기획을 향후 4개년도를 추정해 기획함.

2. 자금 기획(투자 계획)

구분	2015년	2016년	2017년	2018년	소계
연구/개발비	12	3	3	3	21
판매관리비	15	10	10	10	45
기타	5	6	7	8	26
소계	32	19	20	21	92

* 단위 : 억 원

– 사업 1차년도인 2015년에 상품 개발을 위한 연구/개발비와 초
  기 시장 진입을 위한 판매 관리비가 많이 소요될 것으로 추정됨.
– 사업 2차년도부터는 연구/개발비와 판매 관리비가 상대적으
  로 줄어들 것으로 예상됨.

3. 손익 계획

구분	2015년	2016년	2017년	2018년	소계
매출액	47	120	200	400	767
경비	62	102	156	338	658
손익	-15	18	44	62	109

* 단위 : 억 원

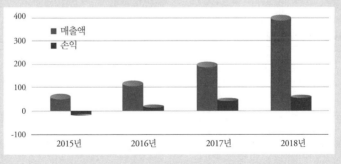

추정 매출/손익 *단위:억 원

- 사업 1차년도인 2015년에 연구/개발비와 판매 관리비의 증대로 인해 약 15억 원의 손실이 발생할 것으로 예상됨.
- 사업 2차년도부터는 투자 비용의 감소로 인해 매출액 대비 손익이 약 18억 원의 흑자로 돌아설 것으로 예상됨.
- 이후 연도부터는 안정적인 매출 증대와 손익 구조의 개선으로 꾸준한 수익 발생이 가능함.

4. 기타
* 세부적인 재무제표는 사업 추진 내용의 변화에 따라 변동될 수 있음.

나초보는 경리팀의 자료 협조를 받아서 기능성 스포츠 화장품에 대한 자금·손익 기획안을 작성해 팀 회의 때 보고했다.

"……그래서 첫해에는 개발비와 신상품 판촉을 위한 판매 관리비가 많이 소요되기 때문에 손실이 발생할 것으로 예상됩니다. 그렇지만 그 후부터는 매출 증대와 상대적인 초기 비용 감소로 인해 지속적인 수익 창출이 가능합니다."

나초보가 보고를 마친 후 여러 질문과 토론이 이어졌지만 대체로 그 정도면 무난하다는 의견들이 많았다. 그래서 진 팀장은 나초보에게 나머지 세부 기획안 작업을 계속해서 진행하라고 지시했다.

잠시 휴식 시간을 가진 후 이번에는 도도한이 저가 화장품에 대한 자금·손익 기획안을 보고했다. 그러자 모두들 깜짝 놀라 입을 다물지 못했다. 필요한 전체 소요 자금이 엄청났을 뿐만 아니라 판매 관리비가 일반적인 경우에 비해서 너무 과다하게 책정되어 있어 손익 구조에 문제가 있는 듯 보였기 때문이다. 대부분 팀원들이 문제점을 제기한 탓에 한참 동안이나 토론이 이어진 후 진 팀장이 회의를 마무리했다.

"도도한 씨의 기획안은 자금 계획에 너무 무리가 있는 것 같군요. 그리고 손익 구조도 불투명해서 현재의 우리 회사 자금 사정상 이 기획안을 계속 진행하기에는 리스크가 너무 큽니다. 도도한 씨, 저가 화장품에 대한 기획은 이것으로 종결하도록 하세요. 그리고 나초보 씨를 도와서 기능성 스포츠 화장품 기획안이 마무리될 수 있도록 협조하도록 해요."

자금 · 손익 기획안 보고가 있은 지 며칠 후 도도한이 고 전무의 방에서 그동안의 진행 상황을 은밀하게 보고하고 있었다.

"그래, 작업은 잘 진행되어가나?"

"네, 여기 그동안 작업한 내용입니다."

"그래, 수고했네."

"그런데 자꾸 진저리 팀장이 간섭을 해 신경이 쓰입니다. 자금 · 손익 기획에 문제가 있다고 저가 화장품의 기획 작업을 중지하라고 합니다."

"그래? 그 부분은 내가 알아서 처리할 테니 자네는 자료나 좀 더 보강하도록 하게."

도도한이 방에서 나간 후 고 전무는 그가 놓고 간 자료를 훑어보았다. 그러고는 뭔가 마음에 안 든다는 표정을 지으며 중얼거렸다.

'많이 부족해. 좀 더 전략적으로 그럴듯하게 포장해야 하는데 말이야. 연륜이 부족한 건 어쩔 수 없군. 아, 전략기획팀에 새로 온 과장이 있지. 기획의 귀재라고들 하던데, 그 친구를 이용해서 좀 더 보완해야겠군.'

아이디어만 기획하면 되지, 왜 '돈'까지 기획해야 하나?

기업의 목적은 결국 이익 창출이다. '무엇을 어떻게 해서 이익을 창출하겠다'는 것은 판매의 대상이 되는 상품이나 서비스에 관한 기획이 되고, '돈을 얼마를 벌어서 비용이 얼마 나가고 얼마의 수익이 재무제표(기업의 가계부)에 기재되게 하겠다'는 것은 돈에 관한 기획이 된다.

그런데 일반적으로 기획이라고 하면 전자에 중점을 두는 경향이 강하고 후자는 주로 경리·회계 업무로 구분되는 것이 현실이다. 그렇지만 좀 더 전문적인 기획자가 되기 위해서는 비용 대비 효과라는 개념을 항상 염두에 두고 기획을 구상해야 한다. 물론 비영리사업을 기획할 때는 그 효과를 금전적인 측면이 아닌 사회적인 효과의 관점에서 생각하면 된다.

이처럼 기획을 할 때에는 이 기획이 성공하기 위해서 얼마의 비용이 드는지 그리고 언제 어떤 식으로 기획의 내용이 수익이나 효과로 나타나 되돌아올지를 함께 고민해야 한다.

○월 ○일 기획 일기

기획의 4단계. 구체적인 기획 전략 세우기 중 자금·손익 기획.

기능성 스포츠 화장품의 기획·생산·판매에 들어가는 비용을 미리 예상해 언제 어떻게 써야 할지 계획을 세우는 일이나 데이트 비용을 예상해 미리 호주머니 사정을 챙기는 일이나 똑같이 자금 기획이구나. 그리고 어느 정도의 데이트 비용을 써서 그녀를 얼마나 즐겁게 해줄지에 대한 것은 결국 손익 계획이 되는 셈이네.

하여간 자금 기획에 차질이 생겨 첫 데이트부터 망신살이 뻗칠 뻔했다. 정말이지, 진땀 나는 첫 데이트였다.

마케팅 제휴

– 내 친구들이 그녀 앞에서 내 칭찬을 한다
그날 술값 내가 다 냈다

"안녕하십니까? 전략기획팀의 한기획 과장입니다. 찾으셨습니까?"

고 전무의 호출을 받고 그의 방에 들어선 한 과장이 깍듯하게 인사를 했다.

"오, 그래, 어서 오게. 새로 온 지 얼마 안 돼서 분위기 파악하기 힘들지는 않나?"

"괜찮습니다. 모두들 잘 대해주셔서 어려움 없이 잘 적응하고 있습니다."

"그거 다행이군. 다름이 아니라 자네가 좀 보완해야 할 기획서가 있어서 불렀네. 이건 신상품개발팀의 도도한이라는 친구가 만들어 온 기획서인데 자네가 좀 도와주게. 비용이나 사업 스케일은 좀 무리하게 확대시켜도 좋아. 내가 괜찮은 업체를 알려줄 테니까 그쪽 편의를 잘 봐주는 조건으로 사업 제휴도 기획하고 말이야. 아이디어는 괜찮은데 기획안이 서툴러서 좋은 신상품 기획이 사장되면 아깝지 않 겠나? 그러니 자네가 좀 더 그럴싸하게 만들어보라고."

"그러니까 이 기획 아이디어에 전략적 가치를 좀 더 높게 두고 소 요 자금을 충분히 책정해 지금보다 더 그럴듯한 기획안을 만들라는 말씀이신가요?"

고 전무가 내민 문서를 받아 든 한 과장이 내용을 살펴보며 조용 히 물었다. 그러자 고 전무는 흡족한 표정을 지으면서 말했다.

"그렇지, 역시 똑똑해서 말귀를 잘 알아듣는군. 그래야 앞으로 자 네도 이 사업과 관련해 중책을 맡아 일할 수 있지 않겠나. 무슨 말인 지 알아들었지?"

잠시 멈칫하며 침묵을 지키던 한 과장이 이내 결심한 듯 공손하게 대답했다.

"네, 무슨 말씀이신지 잘 알겠습니다."

"그래. 보안은 철저히 유지하도록 하고. 잘해보게. 앞으로 힘든 일 있으면 언제든지 나를 찾아오도록 하고."

한 과장이 방에서 나가자 고 전무는 이번에는 진저리 팀장을 불 렀다.

"진 팀장! 도도한이라는 친구가 기획하던 저가 화장품에 대한 기획 안을 왜 보류시킨 거요? 내가 보기엔 좋은 것 같아서 다른 프로젝트 와 연계해 추진해보라고 지시를 했으니까 그런 줄 알고 모른 체해요."

"네? 전무님! 그 기획안은 실체도 정확하지 않으면서 너무 무모한 자금 계획을 담고 있습니다. 그리고 저는 도도한의 직속상관입니다.

제 부하 직원이 저도 모르게 무슨 일인가를 하는데 모른 체하라니, 그게 무슨 말씀이십니까?"

"아, 이 사람, 참 꽉 막힌 친구군. 아무튼 내가 회사의 발전을 위해서 추진하는 일이니까 그리 알라고. 이번 일이 잘되면 자네한테도 좋은 일이 있을 테니 잠자코 있게나. 너무 꼿꼿하게 굴지 않는 게 자네와 가족을 위하는 길일세."

고 전무의 은근한 협박에 진 팀장은 순간적으로 주먹을 부르르 떨며 침통한 표정으로 그의 방을 나왔다. 진 팀장의 그런 뒷모습을 보면서 고 전무가 혀를 차며 비웃었다.

'쯧쯧. 저렇게 꽉 막혀서야 원. 계속 속 썩이면 이번 기회에 아예 제거하는 편이 낫겠어.'

회사 내의 심상치 않은 분위기도 모른 채 나초보는 요즘 한나난과의 데이트로 행복한 하루하루를 보내고 있었다. 나초보를 만나면 만날수록 한나난은 그와 함께 있는 시간이 마음 편하고 좋았다. 다소 엉뚱한 면이 있어서 조금 당황스러울 때도 있지만 이제는 오히려 그의 그런 점이 귀엽게 느껴졌다. 자신이 어릴 때 부모님을 여의고 친척 집에서 자랐다는 사실을 알자마자 도도한은 차갑게 돌변했지만, 나초보는 오히려 그녀를 따뜻하게 감싸주고 보듬어주었다. 그가 자신을 진심으로 대한다는 사실에 그에 대한 신뢰가 깊어졌고 마침내 사랑의 감정이 싹트기 시작한 것이다.

한나난이 이런 생각을 하며 옆에 앉은 나초보를 물끄러미 쳐다보았다. 그러자 나초보가 쑥스러워하며 머리를 긁적였다.

"나난 씨, 왜요? 내 얼굴에 뭐 묻었어요?"

"아, 아니에요. 그냥요, 후후."

나초보의 쑥스러워하는 모습이 귀여워서 웃음이 나왔다.

"이야~ 질투 난다. 뭘 그렇게 소곤거려요? 자자, 건배! 마시자고요."

두 사람의 사랑스런 눈빛을 번갈아 바라보면서 나초보의 친구들이 한마디씩 던졌다.

"말로만 듣다가 직접 뵈니까 정말 아름다우시네요."

"와! 그러게 말이야, 나초보가 매일 자랑하던데요."

"부럽다. 혹시 주변에 비슷한 친구 없으세요?"

맛있는 안주랑 술 실컷 사줄 테니까 분위기만 잘 띄워달라는 나초보의 부탁에 친구들은 이게 웬 건수냐 싶어 흔쾌히 그녀와의 만남 자리에 나왔다. 친구들 중에 술주정이 심한 녀석도 있어 좀 불안하기는 했지만, 아무튼 나초보 커플과 친구들은 '술과 안주의 행방불명'이라는 술집에서 즐거운 한때를 보내고 있었다.

"어머! 너무 띄워주시네요. 그런데 나초보 씨 학창 시절은 어땠어요?"

"착하고 정 많고 아주 성실했지요. 공부도 잘해서 제가 늘 강의 노트를 빌리곤 했어요."

"순수한 놈이지요. 하여간 같은 남자가 볼 때 이만한 놈 없어요."

화기애애한 분위기가 이어지자 나초보는 친구들에게 지원 요청하길 잘했다는 생각이 들었다. 그런데 그 순간 술이 얼큰하게 취한 한 친구가 침을 튀기며 떠들어대기 시작했다.

"게다가 이 녀석 통도 크고 화끈해요. 같이 단란주점 가면 얼마나 잘 노는데요. 그러고는 꼭 자기가 계산을 해요."

"헉! 야! 너 술 취했구나, 너 뭔 소리를……."

"너 지난달에도 나랑 같이 갔었잖아? 어? 근데 니 파트너, 뉴 페이스네? 마담이 오늘 신경 써줬나 보네. 새로 온 아가씨냐? 아가씨, 노래 한 곡 뽑아봐요."

친구의 황당한 말에 한나난은 순간 당황했지만, 이내 미소를 지으면서 침착하게 말했다.

"나초보 씨, 나 피곤해서 먼저 가볼게요. 친구 분들도 오늘 만나서 반가웠어요."

나초보가 뒤늦게 친구의 입을 틀어막았지만 이미 엎질러진 물이었다. 그날 '내 여자 친구를 소개합니다' 프로젝트는 친구의 주정 때문에 엉망진창이 되고 말았다.

며칠 뒤 나초보는 한 과장을 만난 자리에서 그날의 사건을 이야기했다.

"하하! 그런 일이 있었군. 점수 좀 따보려고 사업 제휴하려다가 제휴 파트너 잘못 만나서 역효과가 난 꼴이군."

"사업 제휴요?"

난데없는 한 과장의 비유에 고개를 갸우뚱하던 나초보의 눈앞에 갑자기 커다란 현수막이 나타났다.

'5,000원짜리 햄버거 세트를 구매하시면 5,000원짜리 모바일 쇼핑몰 할인권을 무료로 드립니다!'

"어? 5,000원짜리 햄버거를 사는데 5,000원짜리 모바일 쇼핑몰 할인권을 주면 햄버거는 공짜로 먹는 셈이네? 저러고도 남는 게 있나?"

"흠, 우리 오늘 점심은 햄버거를 먹지. 그러면서 마케팅 제휴의 비밀에 대한 이야기를 해볼까?"

두 사람은 패스트푸드점에 들러 마케팅 제휴에 대한 이야기를 나누었다.

"나초보가 여자 친구에게 잘 보이려고 친구들을 불러모아 좀 띄워달라고 술을 샀잖아?"

"네, 서로 인사도 시키고 친구들에게 자랑도 하고 그녀에게 점수도 따려고 그랬죠."

"나초보 입장에선 술값이 좀 나가더라도 친구들의 칭찬으로 여자 친구에게 자신의 위상이 올라간다면 대만족일 거야. 그리고 친구들 입장에서도 술 한잔 공짜로 기분 좋게 마시면서 '닭살 커플' 재롱을 구경하는 것도 나쁘지 않지."

"아이 참, 닭살 커플이라니요? 우리는 그런 거 없어요. 그냥, 아무튼…… 흠냐, 이것 참."

"말은 왜 더듬고 그래? 아무튼 기업의 마케팅 제휴도 마찬가지야. 소비자에게 더 많은 가치와 만족을 제공하기 위해 기업은 다른 다양한 회사들과 손을 잡으려 하지. 최근에는 'OSMU'라고 해서 하나의 소재를 가지고 여러 업종의 회사들이 제휴를 하기도 해. 이렇게 나초보와 친구들은 서로 적당하게 주고받는 것에 만족을 했기 때문에 아주 바람직한 윈-윈(win-win) 마케팅 제휴를 한 셈이야"

잘나가는 소재를 여러 산업(매체)에서 공유한다 – OSMU

얼마 전 드라마 〈별에서 온 그대〉가 히트하면서 이 드라마와 다양한 형태로 제휴한 여러 분야의 상품들이 인기를 끌었다. 주인공이 입은 각종 의류와 기타 패션 소품, 자동차, 주거 및 문화 공간, 심지어는 '치맥'까지.

이처럼 OSMU(One Source Multi Use)는 하나의 소재를 여러 매체(산업/비즈니스)에서 다양하게 활용하는 것을 의미한다. 최근에는 한 발 더 나아가서 여러 소재를 합쳐 다양하게 활용하는 MSMU(Multi Source Multi Use) 전략도 대두되고 있다. 이렇게 OSMU는 성공한 1차 콘텐츠를 여러 분야에서 파생 상품화하여 재투자 및 라이선스를 통해 부가가치를 극대화하는 비즈니스 마케팅 전략이다. 예를 들면, 소설 《해리포터》가 대박을 터뜨리자 이와 관련된 영화, 게임, 완구, 패션, 테마파크 등 다양한 산업에서 부가적인 가치를 창출했다. 이것이 전형적인 OSMU 사례.

"아하, 그냥 나난 씨에게 잘 보이려고 친구들을 동원한 건데 그렇게 설명하니까 딱 기업체의 마케팅 제휴와 들어맞네요. 그런데 결과는 엉망이 되고 말았잖아요? 제가 잘못된 마케팅 제휴 기획을 세웠던 것일까요?"

"아니야, 결과가 엉망이 된 이유는 제휴 전략 자체의 문제가 아니라 제휴 파트너에게 문제가 있었기 때문이야."

"제휴 파트너의 문제였다고요?"

"그래, 제휴 전략 자체는 서로 최적의 시너지 효과를 내는 모델이었어. 하지만 파트너의 제휴 능력에 문제가 있었던 거지. 술주정을 한다는 것은 술자리 제휴에는 맞지 않는 사람인데 그것을 간과하는 바람에 오히려 역효과를 내고 만 것이지."

"듣고 보니 그렇군요, 마케팅 제휴 전략은 좋았는데 사업 파트너를 잘못 선택해서 오히려 역효과가 난 거군요."

나초보는 한 과장의 말에 고개를 끄덕거리면서 햄버거를 한 입 베어 물었다.

'그나저나 그날의 실수를 어떻게 만회하나? 이것 참 난감하네, 쩝."

맛있던 햄버거가 갑자기 목에 걸려서 체할 것만 같았다.

사업(마케팅) 제휴의
숨겨진 비밀

'5,000원짜리 햄버거 세트를 구매하시면 5,000원짜리 모바일 쇼핑몰 할인권을 무료로 드립니다.'

이 경우 소비자는 결국 햄버거를 공짜로 먹는 셈이니까 당연히 좋은 반응을 보일 수밖에 없다. 그렇지만 이런 이벤트를 계속하면 해당 회사들은 손해를 보지 않을까? 절대로 아니다. 여기에는 숨겨진 비밀이 있다.

첫 번째 비밀은 할인권의 대량 구매에 있다. 햄버거 회사는 할인권을 대량으로 구매하기 때문에 액면가의 겨우 10~20퍼센트밖에 안 되는 가격으로 구입할 수 있다. 결국 햄버거 회사는 5,000원이 아니라 500~1,000원으로 생색을 내면서 고객들을 왕창 끌어모을 수 있는 것이다. 그렇다면 그렇게 엄청나게 할인된 가격으로 할인권을 판매한 모바일 쇼핑몰 회사는 원가 이하로 판매했으니 많은 손해를 보는 것은 아닐까? 이 또한 아니다.

두 번째 비밀이 바로 여기에 숨어 있다. 소비자들이 사은품으로 받은 할인권을 실제로 사용하는 비율은 예상과는 달리 겨우 20~30퍼센트밖에 안 된다. 따라서 모바일 쇼핑몰 회사 입장에서는 햄버거 회사의 높은 인지도를 활용해 대규모 홍보를 벌인 셈이고, 이 점을 감안하면 홍보 비용이 상대적으로 저렴하게 든

편이다. 따라서 결코 손해가 아니다.

햄버거 회사와 모바일 쇼핑몰 회사의 제휴 사례에서 보듯이 상호 장점이 되는 부분을 제휴할 경우, 큰 효과를 낼 수 있는 것이 바로 사업(마케팅) 제휴다.

기능성 스포츠 화장품 마케팅 제휴 기획안

1. 개요

스포츠·레저 관련 회사 및 단체와 제휴하여 레포츠 행사 참가자에게는 자사의 기능성 스포츠 화장품을, 자사 화장품을 구매하는 소비자에게는 레포츠 행사 참가 할인권을 제공하는 제휴 마케팅을 전략적으로 추진함.

2. 추진 전략

－주요 스포츠 관련 회사와 단체들의 리스트를 정리한 후 시장을 지배하는 메이저 회사와 단체를 우선 접촉하여 전략적인 제휴를 추진함.

－비용과 제휴 조건 등 세부 사항은 업체 선정 후 상호 협의에

의하여 조정해 결정하도록 함.

3. 효과

—스포츠·레저 회사 및 유관 단체는 자체 레포츠 프로그램의
회원 모집 행사에 자사의 기능성 스포츠 화장품을 사은품으로
제공함으로써 높은 고객 유치 효과를 기대할 수 있음.

—자사는 기능성 스포츠 화장품 구매 고객들에게 스포츠나 각종
레저 프로그램에 저렴한 비용으로 참여하는 혜택을 제공할 수
있음. 이로 인해 소비자 만족도를 상승시켜 매출 증대와 타깃
고객층에 대한 홍보 효과를 높일 수 있을 것으로 예상됨.

4. 기타

—업체 선정은 재무구조가 탄탄하고 관련 실적이 우수한 업체를
위주로 해야 함.

—제휴 업체의 계약 불이행이나 성실하지 못한 서비스로 인해
자사가 피해를 입을 수도 있으므로 이러한 상황의 예방 및 손
해배상에 대한 부분을 사전에 문서로 명시하고 협의해야 함.

○월 ○일 기획 일기

기획의 4단계. 구체적인 기획 전략 세우기 중 마케팅 제휴.

그녀에게 잘 보이려고 친구들을 불러모으고, 분위기 좀 띄워달라고 술을 산 것이 알고 보니 나도 모르게 마케팅 제휴를 한 셈이네. 이것 참, 그러고 보면 생활 속에서도 우리는 기획을 많이 하면서 사는 셈이군. 생활 속 기획의 발견인가? 단 제휴 파트너를 잘 선정하는 것이 중요하다는 것을 뼈저리게 느꼈다. 술자리 제휴를 친구의 술주정으로 망쳤으니 말이다.

프로모션 기획

– 깜짝 이벤트로 그녀를 감동시키다

　제휴 파트너를 잘못 골라 한바탕 곤욕을 치른 나초보는 이를 교훈 삼아 기능성 스포츠 화장품의 마케팅 제휴 방법뿐만 아니라 제휴 회사 선정 과정에서 주의할 점까지 꼼꼼하게 정리했다. 그의 마케팅 제휴 기획안을 보고받은 진 팀장은 수고했다는 말을 건넸지만 왠지 얼굴은 밝지 않아 보였다.

　'천하의 진 팀장이 요즘 왜 저렇게 김빠진 맥주 같은 표정이지? 무슨 일이 있나?'

　퇴근 시간에 사무실을 나선 진 팀장이 회사에서 멀리 떨어진 조용한 식당에 들어서자 누군가가 그에게 손을 들어 아는 체를 했다. 경리팀에 근무하는 진 팀장의 후배인 김 과장이었다. 두 사람은 술잔을 주거니 받거니 하더니 이내 취기가 올라서 그동안 쌓인 울분을 털어 놓기 시작했다.

"내가 이런 꼴을 당하고도 이 회사를 계속 다녀야 하나?"

"선배님, 저도 고 전무한테 얼마나 압력을 받는데요. 암암리에 지금까지 고 전무가 유용한 금액도 엄청납니다. 그리고 최근에는 별도의 자회사를 세운다면서 또 뭔가 꾸미는 모양이에요. 전략기획팀의 한 과장 아시죠? 그 사람도 고 전무의 하수인인 것 같아요. 저희 팀에 와서 자금에 관해 이것저것 물어보고 고 전무 방에도 자주 들락날락하던데요?"

"아니, 한 과장까지? 믿을 사람 하나도 없네. 그 친구 그렇게 안 봤더니, 결국 권력과 돈 앞에서 무릎을 꿇었군. 이런 젠장! 정말 더러워서 회사 못 다니겠네."

진 팀장은 도도한에 이어서 한 과장까지 고 전무의 하수인이라는 사실에 분노가 치밀어 올랐다.

한편 나초보와 한나난의 사랑 전선에는 넓게 퍼진 고기압의 영향으로 쾌청한 날들이 이어지고 있었다. 초여름으로 접어든 어느 날, 두 사람은 서로 손을 잡고 다정하게 공원을 거닐고 있었다. 더운 날씨에도 한나난은 언제나처럼 맨 위까지 단추를 채운 단정한 흰 셔츠 차림이었다.

"나난 씨, 덥지 않아요?"

"아뇨, 괜찮아요."

그녀가 대답하다 갑자기 발을 헛디뎌 넘어지려고 했다. 비틀거리는 그녀를 나초보가 부축하는 순간, 그녀의 셔츠를 단단히 죄고 있던 단추가 떨어져 나갔다. 깜짝 놀라며 풀어진 앞섶을 황급하게 틀어쥔 그녀의 손가락 사이로 커다란 흉터가 드러났다. 그녀는 나초보가 자신의 흉터를 보았다는 것을 눈치채고는 풀 죽은 목소리로 말했다.

"흉터가 심해서 보기 흉하죠? 어릴 때 크게 다친 적이 있어요. 그래서 항상 단추를 끝까지 채우는 버릇이 생겼어요."

"흉하긴요. 나도 어릴 때 불에 데어서 생긴 흉터가 있어요. 볼래요?"

나초보는 공원 한가운데에서 바지를 둘둘 말아 올리며 종아리에 난 흉터를 보여주었다.

"꼭 새 모양 같죠? 그래서 애들이 놀리면 독수리 스티커 붙인 거라고 우겼어요. 하하."

당당하고 엉뚱했을 나초보의 어린 시절 모습을 상상하자 그녀의 표정도 한결 환하게 밝아졌다.

"누구에게나 상처는 있게 마련이에요. 몸의 상처보다 마음에 상처를 가진 사람들이 더 불쌍하죠."

"나초보 씨는…… 정말 좋은 사람이에요."

하얗게 이를 드러내며 웃는 나초보를 바라보면서 한나난은 진심을 담아 말했다. 그때 갑자기 나초보가 가방을 뒤적이더니 예쁘게 포장된 상자를 꺼내서 그녀에게 건넸다.

"이게 뭐예요?"

"원래는 이따가 다른 곳에 가서 주려고 했는데…… 지금 풀어봐요."

포장지를 풀자 거기에는 예쁜 수영복이 들어 있었다. 갑작스런 선물에 놀라 의아해하는 그녀에게 나초보가 말했다.

"사실 나난 씨의 흉터는 예전에 봤어요. 그것 때문에 평소에 조심스러워하는 것도 알고 있었고요. 그래서 애써 모른 체했는데 생각해보니 그런 식으로 회피한다고 해결될 일은 아닌 것 같았어요. 혼자서 어렵다면 나랑 함께 하면 되잖아요. 우리 같이 수영장 가요. 그까짓 상처가 뭐 대수예요? 우리 재미있게 물장난도 치고 누구 흉터가 더 큰지 내기도 해요."

흉터 때문에 심한 콤플렉스에 사로잡혀 있던 그녀를 어떻게든 돕고 싶어 하는 그의 진심에 한나난은 마음이 따뜻해졌다.

한나난은 그동안 그녀를 좋아한다며 쫓아다니던 남자들의 선물 공세나 요란한 이벤트에 식상해 있었다. 돈이나 화려한 겉모습으로만 다가서려는 그들의 모습에서 진정한 사랑을 느낄 수 없었던 것이다. 수많은 남자들이 그녀에게 잘 보이기 위해 애를 썼지만 결국 그 모두가 껍데기뿐인 프로모션이었다. 그런데 나초보는 그녀가 자신의 상처에 더 이상 얽매이지 않고 당당해지기를 바란 것이다. 그녀는 진정한 사랑과 정성이 담긴 나초보의 선물에 감동했다.

"자! 우리 지금 당장 수영장으로 가요!"

한나난은 자신의 손을 잡고 재촉하는 나초보를 다정한 눈길로 바라보았다. 그러다 문득 그가 자신의 더 큰 비밀을 알게 되더라도 지금처럼 자신을 사랑할지 의문이 들었다. 그렇지만 지금 그런 이야기를 해서 나초보에게 혼란을 주고 싶지는 않았다.

그날, 초여름의 한 실내 수영장에서는 다 큰 남녀가 어린아이들처럼 신 나게 물놀이를 하며 이제는 상처뿐인 아픈 과거를 털어냈다.

다음 날. 진심을 담은 '나초보식' 이벤트로 한나난을 감동시키고 기분 좋게 회사에 출근한 나초보 앞에 난감한 과제가 떨어졌다. 진 팀장이 기능성 스포츠 화장품의 프로모션 기획을 준비하라는 지시를 내린 것이다.

"나초보 씨, 지금 준비 중인 신상품의 프로모션 기획 초안을 한번 잡아봐요. 마케팅팀에서 해줘야 하는 작업이지만 지금 그쪽이 정기 세일 행사로 정신이 없다고 하네. 그러니까 일단 임원 회의 때 발표할 수 있는 정도의 초안만 만들어보라고."

'이런, 프로모션 기획을 해보라니?'

당혹스런 상황에 처한 나초보가 자료라도 얻어보려고 마케팅팀에 가보았지만 모두들 행사 때문에 외근 중이었다. 그래서 이번에는 한 과장을 찾았다.

"어제는 나난 씨와 수영장에 갔어요."

한나난과 수영장에 갔던 이야기를 하며 행복해 어쩔 줄 모르던 나초보가 갑자기 심각한 표정을 지으며 물었다.

"그나저나 신상품 프로모션 기획을 제가 어떻게 해요? 아, 다들 내 능력을 너무 과대평가하는 거 아닌가요?"

"뭐야! 잘난 체하는 거야, 지금? 깜짝 이벤트 잘 해놓고선 뭘 고민해? 어렵게 생각할 것 없어. 중요한 것은 나초보가 한나난 씨에게 한 것처럼 소비자에게 감동과 만족을 주기 위해 무엇을 해야 할지를 잘 고민하면 되는 거야. 프로모션이 전에 설명한 마케팅 4P 믹스 중 하나라는 건 기억하겠지? 간단하게 말하면 프로모션은 흔히 우리가 알고 있는 광고, 홍보, 이벤트 등을 포함하는 포괄적인 개념이야."

"네, 우리는 수많은 프로모션의 홍수 속에서 살고 있죠."

"그래, 이처럼 프로모션은 바로 소비자와 직접 맞닥뜨리게 되는 접점이 되지. 그래서 아무리 기획을 잘하고, 또 기획 의도대로 멋진 상품이나 서비스를 만들어내도 프로모션이 제대로 되지 않으면 소비자들의 관심을 끌 수 없어. 나초보가 아무리 한나난 씨를 사랑해도 표현하지 않으면 상대는 모를 수밖에 없잖아?"

"그래서 기업들이 광고나 각종 이벤트 등을 통해서 소비자에게 제품을 홍보하려고 그렇게 노력하는 거군요."

한 과장의 설명에 나초보는 기업들이 물건만 잘 만들면 알아서 잘 팔릴 텐데 왜 그렇게 광고에 많은 돈과 노력을 쏟아붓는지, 왜 세상이 온통 광고의 홍수로 뒤덮인 건지 이해가 되는 것 같았다.

"그렇지. 그런데 광고·홍보는 다분히 전문적인 영역이라 보통은 관련 전문가가 전담하거나 외부의 전문 업체에게 용역을 맡겨 업무를 진행하는 경우가 많아. 그래서 회사 내에서는 넓은 개념의 광고·홍보보다는 각 부서에서 수시로 실행하는 이벤트 등 좁은 의미의 홍보를 많이 기획하게 되지."

"그런데 이벤트도 행사 전문 업체나 도우미들이 담당하는 경우가 많던데요?"

"물론 실제 이벤트 행사는 전문가들이 진행하지만 기본적인 아이디어와 요구 사항에 대한 기획은 이벤트를 실시하는 부서의 담당자들도 같이 참여해 구상하거든. 우리가 상대의 조건만 머리로 따져보고 연애하는 것은 아니잖아? 마찬가지로 소비자들도 마음이 움직여야 비로소 상품을 선택하게 되거든. 따라서 무턱대고 소비자에게 제품을 알리려고만 하면 그건 소비자를 너무 우습게 아는 거야. 이제 무조건 물량 공세로 많이 노출시키는 것만으로는 소비자들을 유혹할 수 없어. 나초보가 한나난 씨에게 한 것처럼, 소비자에게 관심을 갖고 그들의 마음을 움직일 수 있는 그 무엇을 찾아내야지. 그런 감동이 있는 이벤트야말로 가장 강력한 프로모션이거든."

"아, 그게 요즘 말하는 감성 마케팅 아닌가요?"

"맞아. 그래서 이벤트를 펼치는 경우에도 마케팅이나 서비스 기획, 영업 관련 부서들이 머리를 맞대고 기본적인 이벤트 목적과 특성, 타깃 소비자에 대한 기본 정보와 전략을 제시한 후 광고 · 홍보 회사에 구체적인 콘셉트를 요구해야 되는 거야. 그냥 팔짱 끼고 앉아서 업체가 알아서 다 해주기를 바란다면 그건 불필요한 행사가 될 게 뻔하거든."

"듣고 보니 그렇네요. 외부 업체에서 모두 알아서 해준다고 생각하면 오산이네요."

"그렇지. 그래서 이벤트 기획을 할 때에는 왜, 누구를 위해서, 언제, 어떻게뿐만 아니라 비용과 효과에 대한 부분도 기획하고 분석해야 돼. 그렇다면 기능성 스포츠 화장품의 프로모션에 대한 아이디어로는 뭐가 있을까?"

"아무래도 기능성 화장품이니까 체험 이벤트를 위주로 진행해야 할 것 같아요. 온 · 오프라인 매체를 활용한 광고나 홍보도 그 부분에

초점을 맞추는 게 좋겠어요. 아, 새로운 개념의 화장품이라는 점을 잘 부각시킬 수 있는 언론 홍보도 필요하겠네요."

"좀 더 고민해서 보고서를 작성하면 멋진 기획안이 되겠는걸."

한 과장이 나초보를 독려했다.

프로모션 기획의 일부이자 수시로 접하게 되는 이벤트 기획

이벤트 기획하기

1. 이벤트 목적 설정

2. 이벤트 대상 고객 선정

3. 경쟁사나 최근의 이벤트 동향 파악

4. 이벤트 방법, 시기, 비용 등 세부적인 내용 기획

5. 이벤트 실시 및 결과 정리

이벤트를 기획할 때는 이벤트 목적 설정 → 이벤트 대상 고객 선정 → 경쟁사나 최근의 이벤트 동향 파악 → 이벤트 방법, 시기, 비용 등 세부적인 내용 기획 → 실시 및 결과 정리의 순서를 따른다.

가장 먼저 이벤트의 목적 설정은 신상품의 홍보가 목적인지 기존 상품의 매출 증대가 목적인지 등을 명확히 설정하는 과정이다. 다음으로 이벤트의 대상 고객을 명확하게 설정한 후 경쟁사의 이벤트 전략은 어떤지, 최근에 화제가 되는 이벤트 트렌드에는 어떤 것이 있는지 등의 정보를 수집해 분석한다.

기본 전략을 수립하고 자료를 수집한 후에는 시즌을 감안해 이벤트의 시기를 결정한다. 시즌이란 졸업·입학과 같은 각 학교의 학기와 관련된 시즌, 밸런타인데이나 화이트데이 같은 연인과 관련된 시즌, 어린이날·어버이날·스승의 날 같은 감사 시즌, 크리스마스·연말연시 같은 축제 시즌, 설·추석 같은 명절 시즌, 봄·여름·가을·겨울의 계절 시즌, 월·주·요일별 날짜 시즌 등 다양한 시즌이 있다. 따라서 이벤트 시기와 일정을 정할 때에는 이러한 시즌 분위기를 잘 탈 수 있도록 계획하는 것이 중요하다.

이벤트의 방법과 종류 또한 매우 다양하다. 그중 대표적인 것에는 참여 이벤트, 퀴즈 이벤트, 공모전 이벤트, 할인 이벤트, 게릴라 이벤트(잠재 고객이 밀집된 장소에서 상품의 인지도를 확보하거나 구매 욕구를 자극하기 위해 짧은 시간에 갑작스럽게 벌이는 이벤트) 등이 있다.

이와 같은 방법으로 기획한 이벤트 진행을 모두 마친 후엔 이벤트 결과에 대한 평가 작업을 벌인다. 이벤트를 통해 어떠한 부분에서 어떤 효과를 얻었는지, 어떤 문제점이 있었는지, 보완할 점은 무엇인지, 비용 내역은 어떤지 등을 정리해 이벤트 결과 보고서를 작성해야 한다.

기획이란 이와 같이 단순하게 기획 자체로만 끝나는 것이 아니라 기획안을 실행해 결과를 분석하고 향후에 더 좋은 기획을 하기 위한 정리까지의 모든 작업을 일컫는다.

기능성 스포츠 화장품 프로모션 기획안

1. 개요
- 온라인 프로모션은 스포츠 관련 동호회와 각종 커뮤니티 공간을 대상으로 집중해 실시함.
- 오프라인 프로모션은 화장품 효과를 직접 체험해볼 수 있는 전략을 위주로 실시함.

2. 홍보 전략
- 각 언론사에 '이제는 피부 트러블 걱정 없이 마음 놓고 스포츠를 즐길 수 있다 - 획기적인 화장품 등장!'이라는 제목으로 보도 자료를 배포함.
- 각종 스포츠 행사의 협찬 및 후원을 통해 이러한 내용을 기사화하고 새로운 사회적 신드롬으로 이슈를 불러일으키도록 추진함.

3. 광고 전략
팝 그룹 퀸(Queen)의 〈위 아 더 챔피언(We are the champions)〉 음

악이 배경으로 흐르면서 달리기, 인라인스케이트, 자전거 타기를 즐기는 많은 여성들이 등장함. 건강하고 아름다운 여성들이 클로즈업되면서 Doit 화장품이 오버랩됨.

4. 이벤트 전략
스포츠 행사장에서 고객들이 직접 자사 제품의 우수성을 경험해볼 수 있는 체험 마케팅을 지속적으로 실시함.
− 겨울 시즌: 주요 스키장에서 체험 이벤트를 실시함.
− 여름 시즌: 주요 해수욕장과 수영장에서 체험 이벤트를 실시함.

5. 기타
일정, 비용 등 각 항목의 세부적인 내용은 추후에 마케팅팀과 협의하여 구체적인 안을 마련하도록 함.

기획의 4단계. 구체적인 기획 전략 세우기 중 프로모션 기획.

그녀가 콤플렉스에서 벗어날 수 있었으면 하는 마음으로 깜짝 이벤트를 준비했다. 기대 이상의 효과가 있는 듯해 기분이 너무 좋다.

한 과장님 말씀이 이런 게 바로 고객 감동 프로모션과 다를 게 없다고 한다. 그런데 소비자에게 기능성 화장품을 소개하고 이를 좋은 제품으로 느끼게 하려면 역시 감성에 어필할 수 있는 프로모션을 마련해야 할 텐데……. 체험 이벤트를 진행하면서 고객들의 감동적인 체험 수기를 공모해볼까? 고객 감동이라. 말은 쉽지만 막상 실제로 기획을 해보려니까 쉽지 않네. 기존의 상투적인 프로모션에 식상한 고객들을 진정으로 감동시키려면 어떤 프로모션이 필요할까? 소비자가 내 애인이라면 어떤 프로모션에 감동을 받을까?

5

기획의 5단계

– 문서로 정리하기(일목요연한 기획서 작성)

기획을 하고 이를 문서로 정리한 것은 일반적으로 비슷한 형태를 띤다. 기획의 내용에 따라 분량이나 구성 형식, 내용은 다소 다를지언정 포함되어야 하는 핵심 요소는 거의 비슷하다.

기본적인 기획서 구성 예

– 어떻게 마음을 정리할까?

"여러분, 최근에 우리 팀의 분위기가 너무 축 처져 있고 일에 대한 열정도 식은 거 같아요. 뭔가 분위기 쇄신이 필요할 것 같습니다. 그래서 다음 주에 1박 2일로 우리 팀 전체 워크숍을 진행하려고 합니다. 전무님한테 결재를 받아야 하니까 누가 워크숍 기획안을 좀 작성했으면 하는데…… 아, 그래, 나초보 씨가 하도록 해요"

"네? 제가 워크숍 기획안을 작성하라고요?"

'워크숍 가봐야 회의 좀 하는 척하다가 술 먹고, 고스톱 치고, 잠이나 자고 올 거면서 뭔 기획안을 만들라는 거야?'

"이번 워크숍 주제는 '기획 능력 향상을 위한 자기 계발 방안'이에요. 잘 만들어봐요. 요즘 회사 사정도 안 좋은데 뭔 워크숍이냐고 전무님이 뭐라고 할 수도 있으니까 꼭 해야 하는 워크숍이라는 생각이 들게끔 그럴듯하게 만들도록 해요. 내 말 알아들었어요?"

"네!"

기획서 작성에 필요한
기본 요소는 공통적이다

기획을 하고 이를 문서로 정리한 것은 일반적으로 비슷한 형태를 띤다. 기획의 내용에 따라 분량이나 구성 형식, 내용은 다소 다를지언정 포함되어야 하는 핵심 요소는 거의 비슷하다.

일반적인 기획서는 '개요, 현황, 방안 제시, 결론'의 형태로 구성된다. 그리고 이렇게 구성된 기획안은 MECE(상호 배제와 전체 포괄)를 활용해 서로 중복된 것이나 누락된 것은 없는지 검토하여 미비한 점을 보완한다.

빠트려서도 안 돼! 중복돼서도 안 돼! – 상호 배제와 전체 포괄

세계적인 컨설팅 회사인 매킨지는 경영 분석에 있어 '상호 배제와 전체 포괄(Mutually Exclusive and Collectively Exhaustive, MECE)'이라는 개념을 도입했다. 'MECE'는 서로 중복된 것이 없고 누락된 것도 없게 한다는 뜻이다. 즉 감에 의존해서 주먹구구식으로 분석에 접근하는 것이 아니라 이슈를 구분해서 '중복되지 않게 누락하는 것 없이 구조화'한다. 이를 통해 문제의 핵심을 정확하게 찾아 신속하고 최적의 방법으로 문제를 해결하는 것이다.

이런 개념은 기획을 하고 기획서를 작성할 때도 활용할 수 있다. 기획 내용이 서로 중복된 것은 없는지 파악해서 불필요하게 중복된 것을 덜어내고, 빠진 항목은 없는지 파악해서 누락된 내용을 추가하는 식으로 보완 작업을 한다. 이런 작업을 반복하다 보면 어느새 기획안이 짜임새 있고 핵심적인 내용 위주로 재배치되어 탄탄해지는 것이다.

기획서 작성의 기본 요소

1. 개요
포함 항목: 기획의 전체적인 요점, 목적, 배경
내용: 왜? 어떤 이유로? 무엇을 기획하겠다는 것인지를 명확하게 표현한다.

2. 현황
포함 항목: 현재의 상황에 대한 객관적인 설명, 각종 수치 데이터와 보충 자료
내용: 기획 대상의 현 상황에 대한 객관적인 설명을 다양한 표와 차트 등을 활용해서 표현한다.

3. 방안 제시
포함 항목: 문제 해결 방안, 성공 요소, 효과, 일정, 비용 등 세부적인 실행 전략
내용: 현황 분석을 통해 나온 결과를 토대로 전략적인 방안을 제시한다.

4. 결론

포함 항목 : 기획의 결론, 기타 향후 후속 과제

내용 : 기획의 결론과 향후 추진 과제, 주요한 이슈 등을 기술한다.

행사성 기획안 작성 방법

1. 개요

어떠한 행사를 하는 것인지에 대한 명확한 설명과 개괄적인 내용을 표현한다.

2. 기대 효과

행사를 실행해서 얻을 수 있는 효과에 대한 설명과 명확한 근거를 제시한다.

3. 실행 방법

누가 무엇을 어떻게 해서 진행을 할 것인지 세부적인 실행 방법을 설명한다.

4. 일정 및 장소

행사 진행에 관한 전체 일정과 장소를 일목요연하게 표 등을 이용해서 표현한다.

5. 비용
항목별 비용×수량=총비용을 표로 나타내고 비용 집행 시기
및 방법 등을 표시한다.

* 첨부
준비물, 세부 일정, 진행 프로그램, 참가자 명단, 좌석 배치, 기타 부수
적인 자료를 별첨 자료로 첨부한다.

나초보는 진 팀장의 지시로 기본적인 기획서 작성의 원칙과 행사
성 기획안 작성 방법을 적용해 워크숍 기획안을 작성해서 보고했다.

"흠, 좋아, 우리가 단지 놀고먹으려고 워크숍을 진행하는 게 아니
라, 업무 차원에서 기획 능력 향상을 위해 진행한다는 것이 잘 나타
나 있군. 특히 '워크숍에서 도출된 기획 능력 향상 기법을 사내에 전
파하여 회사 전체 직원들의 역량 강화 자료로 활용할 수 있도록 함'
이라는 대목이 아주 마음에 들어. 좋았어, 수고했네. 나머지 구체적
인 준비도 차질 없도록 진행하게나."

나초보의 기획안이 마음에 든 진 팀장은 흐뭇한 미소를 지으며 워
크숍을 통해 팀원들의 사기를 진작하고 최근 해이해진 근무 기강을
바로잡아야겠다고 생각했다.

"예, 알겠습니다."

"자, 신상품개발팀! 워크숍 끝내고 심기일전해서 신상품 개발에
더욱 박차를 가해보자고!"

신상품개발팀 워크숍 기획안

1. 워크숍 개요
신상품개발팀의 단합과 구성원의 기획 능력 향상을 위하여 1박 2일 동안 집중적인 워크숍을 개최함.

2. 기대 효과
- 기획 능력 향상을 위한 자기 계발 프로그램 학습으로 실제 업무에서 기획 업무의 생산성을 향상시킬 수 있음.
- 각 구성원 간의 격의 없는 토론과 대화로 팀원 간 친목 도모 및 팀 내 업무 협력 분위기를 제고함.
* 워크숍에서 도출된 기획 능력 향상 기법을 사내에 전파하여 회사 전체 직원들의 역량 강화 자료로 활용할 수 있도록 함.

3. 실행 방법
- 기획 능력 향상에 관한 각종 사례를 분석하고 워크숍에서 공유하도록 함
- 참가자는 각자 관련 자료를 분담해서 정리하고 워크숍에서 발표하도록 함.
- 팀원 간 업무 협조 방안에 대한 토론을 실시함
- 사원·관리자 간 격의 없는 일대일 대화로 개인적인 애로 사항에 대해 상담을 실시함.

4. 일정 및 장소
- 일정: ○○년 ○월 ○일(목) 11:00 ~ ○월 ○일(금) 17:00, 1박 2일

－장소: 강원도 춘천시 ×× 연수원

5. 비용

항목	단가	수량	금액	비고
연수원 숙박비	100,000	6실	600,000	익일 조식 포함
세미나실 사용료	200,000	1실	200,000	
부식비	20,000	15명	300,000	
교통비(자가용)	50,000	5대	250,000	기름, 통행료
기타 잡비	200,000		200,000	
총계			1,550,000	

* 첨부

－ 워크숍 세부 프로그램 및 일정표

－ 발표 자료

－ 교통 안내 및 약도

　기획안을 작성할 때는 항상 기본적인 필수 항목을 정리한다. 그다음에는 중복되는 내용은 없는지 살펴보고 불필요하게 반복되거나 겹치는 것은 덜어낸다. 그런 다음 꼭 포함되어야 하는데 빠진 내용은 없는지 체크한다.

　이런 과정을 반복해서 하다 보면 마치 대장간에서 쇠를 담금질하듯이 간결하고 핵심을 꿰뚫는 기획안을 작성할 수 있겠구나.

기획안 표현의 원칙

－마음만 있으면 뭐해? 표현을 제대로 해야지

"나초보 씨는 너무 좋은 사람이에요. 하지만 제겐 결혼할 사람이 새로 생겼어요. 나초보 씨와 함께한 시간은 정말 행복했어요. 좋은 추억으로 간직할게요. 그럼 행복하세요. 안녕……."

"안 돼요, 나난 씨! 사랑해요. 가지 마세요. 제발, 제발…… 아얏! 아이고."

침대에서 굴러떨어진 나초보는 정신이 번쩍 들어 잠에서 깼다.

'휴, 꿈이었구나. 야, 십 년 감수했네. 진짜 헤어지는 줄 알았잖아. 가만있어봐. 이러다가 꿈이 현실이 될 수도 있겠다. 빨리 내 마음을 나난 씨에게 전해야지. 그런데 지금 몇 시야? 이런! 언제 시간이 이렇게 된 거야? 아, 지각이다!'

늦잠을 잔 나초보가 출근 준비를 하느라 정신없던 그 시각에 한 과장은 회사 휴게실에서 뭔가 깊은 생각에 잠겨 있었다.

"안녕하세요? 한 과장님. 일찍 출근하셨네요. 오늘 날씨 좋죠? 하하."

한 과장은 문득 상념에서 깨어나 느끼한 웃음을 흘리며 인사를 건네는 도도한을 쳐다보았다.

"아, 도도한 씨."

도도한은 자판기에서 커피를 뽑아 한 과장 옆으로 다가오더니 조용하게 속삭였다.

"고 전무님이 한 과장님한테 저가 화장품 기획안에 대한 도움을 받으라고 하시더군요. 한 과장님이 좀 더 그럴듯하게 만들어주실 거라고 하시면서. 한 과장님처럼 유능한 분과 한배를 타게 되니 마음이 든든합니다. 이 일만 잘되면……."

도도한은 한쪽 눈을 찡긋하더니 한 과장의 귀에 대고 속삭인다.

"이왕이면 아주 크게 부풀려주세요. 그래야 우리도 해먹을 게 생기죠. 고 전무님 혼자 챙기게 할 수는 없잖아요? 안 그래요? 하하하!"

조용하게 말을 잇던 도도한이 갑자기 크게 웃기 시작했다. 한 과장은 아무 대꾸 없이 그의 말을 듣고만 있었다.

"하하하! 꿈이었지만 놀라서 눈이 휘둥그레졌을 나초보의 모습이 생생하군."

한 과장은 나초보와 같이 점심식사를 하다 꿈 이야기를 듣고는 배를 잡으며 웃었다.

"아이 참, 웃지 마세요. 얼마나 가슴이 철렁했다고요. 그게 꿈이었으니까 망정이지, 현실이었으면 어쩔 뻔했어요? 지금 생각해도 가슴이 콩닥거리네. 출근하자마자 나난 씨에게 전화해서 혹시 꿈이 사실은 아닌지 확인했다니까요."

"하하! 그러게 마음만 있으면 뭐해? 표현을 잘해야지. 우물쭈물하다가는 상대가 떠나버리고 만다고. 마찬가지로 아무리 좋은 기획을 했더라도 문서로 잘 정리해 표현하지 못하면 기획 자체가 제대로 평가받고 실현될 수 없지."

"그러게 말이에요. 휴. 진 팀장님이 기능성 스포츠 화장품에 대한 최종 기획안을 잘 정리해 완벽한 문서로 만들라고 하더라고요. 조만간 임원 회의 때 보고할 거라며, 은근슬쩍 겁까지 주면서요."

최종 기획안을 작성할 마감 기한이 얼마 남지 않았다는 생각에 나초보는 입맛이 없어져 밥을 먹다 말고 숟가락을 내려놓았다.

"아이디어도 좋고 전략도 괜찮은데 막상 그걸 문서로 정리하려다 보면 마치 눈앞에 커다란 장벽이 서 있는 것 같은 느낌이 들지?"

"예, 맞아요. 기획안을 작성하려고 컴퓨터 앞에 앉아 '새 문서'만 열면 머릿속에 아무것도 떠오르질 않아요. 그냥 모니터 위에 깜박이는 커서만 쳐다보고 있다니까요."

"나도 초창기에는 그랬어. 그렇지만 뭐든지 처음이 어려워서 그렇지 몇 번 시행착오를 겪어보면 잘할 수 있게 돼. 화려한 차트와 문장으로 포장한다고 해서 좋은 기획안이 되는 건 아니야. 중요한 건 쉽고 단순하게 쓰는 거야. 여기에 상대에게 진심을 다해 설명하다 보면 기획자의 노력과 열정 그리고 진실이 드러나지."

"네, 저도 이제는 그 의미를 알겠어요. 결국 나난 씨도 제가 기획하는 기능성 스포츠 화장품의 타깃 고객이잖아요. 나난 씨가 좀 더 예쁘고 편안하게 운동할 수 있도록 하겠다는 생각으로 기획을 하니까 소비자가 그렇게 추상적으로만 느껴지지는 않더라고요. 그러니까 나난 씨를 위해서라도 기획안를 잘 써서 반드시 제품화할 수 있도록 하겠어요."

나초보가 사뭇 진지한 표정을 지으며 기획에 대한 자신의 의견을 이야기하자 한 과장은 그가 드디어 진정한 기획자로 거듭나고 있다는 생각이 들었다.

"나초보가 드디어 가슴으로 하는 기획의 개념을 이해하는군."

"네, 그런 셈인가요? 그렇다면 축하를 해주셔야죠."

"그런 마음가짐을 바탕으로 제대로 된 기획서를 작성하기 위한 몇 가지 원칙을 잘 지켜서 표현하면 아주 멋진 기획안을 작성할 수 있을 거야."

"제대로 된 기획안을 작성하기 위한 몇 가지 원칙이요?"

한 과장의 말에 나초보가 물을 마시다 말고 물었다.

"그래, 나초보가 밥값 내면 사무실에 들어가 기획안을 잘 작성하는 몇 가지 원칙이랑 예전에 본 황당한 기획안들을 보여줄게."

한 과장의 말에 나초보가 짧게 질문했다.

"밥값 내면?"

"밥값 내면!"

그의 짧은 질문에 한 과장도 역시 짧게 대답했다.

두 사람은 똑같은 문장이라도 억양 표현에 따라 전혀 다른 뜻이 될 수 있다는 '표현의 원칙'을 피부로 느꼈다.

기획안 표현의 4가지 원칙

좋은 기획안이란 기획의 의도와 내용이 잘 반영된 기획안이다. 하지만 현실적으로는 이런 기획안을 만드는 건 말처럼 쉬운 일이 아니다. 그렇지만 기획안을 작성하는 데 필요한 가장 기초적인 기획안 표현의 4가지 원칙만 이해하고 활용해도 기획안 수준이 한 단계 높아진다.

어떤 종류의 기획안을 작성하느냐에 따라 목차와 본문에 포함되는 내용은 달라지지만 기본적으로 모든 기획 문서에는 공통적으로 필요한 원칙이 있다. 올바른 문장 표현, 논리 흐름의 시각적 표현, 수치의 표현, 이미지의 표현이 그것이다. 이것이 이른바 '표현의 4대 원칙'인 셈이다.

첫 번째 원칙은 기획 내용을 설명할 때 올바른 문장으로 표현해야 한다는 것이다.

〈그래서 우리는 A 상품에 집중하는 것이 괜찮을 것 같기도 하다는 생각이 들기도 한다.〉

→ 뭐가 이렇게 자신이 없는지? 하자는 것인가, 말자는 것인가?

담당자도 자신 없는 것을 윗사람이 승낙하겠는가? 딱 잘라서 소신 있는 문체로 표현해야 한다.

〈우리는 현재 위기에 직면했다. 그래서 위기를 극복해야 합니다. 이것이 제 생각임.〉

→반말인가? 존댓말인가?

'~입니다.' 또는 '~이다.' '~임.'이라고 통일해야 한다.

〈자사가 가진 장점을 기준으로 보면 경쟁사는 생산에 문제가 있
지만 시장은 변화하기 때문에 우리가 잘하면 성공할 수 있다는 것을
알 수 있는데 이러한 분석에서는 현재 기술적인 문제의 해결 방법을
모색하고 있다고 하는데 사실상은 경쟁사에도 문제점이 있다.〉

→도대체 무슨 말인가? 문제가 뭐라는 건가? 누가 문제를 해결한
다는 것인가?

문장은 되도록 짧게 끊어주고 주어와 서술어가 명확해야 한다.

〈더 많은 커스토머를 끌어들이기 위해서는 트래픽이 많은 사통팔
달의 요충지에 판타스틱하고 엘레강스한 숍을 오픈해야 수익을 나중
에 시마이하기가 좋다.〉

→어느 나라 말인가? 온갖 콩글리시에 외국어를 남발한다고 내용
이 훌륭해지는가?

콩글리시나 외국어를 남용하지 않도록 한다. 외국어 표현을 할 때
에는 일상적인 단어가 아닌 경우 원어 표기를 같이 해주도록 한다.

이렇게 극단적인 예를 보면 잘못된 점이 쉽게 눈에 띄어 실소를
자아내지만, 실제로 수많은 사람들이 문장 표현에서 이와 비슷한 실
수를 한다. 평생 써온 우리말이지만 막상 기획안에 적절한 문장으로

224

표현하려고 하면 그리 쉽지만은 않을 때가 많다.

두 번째 원칙은 논리 흐름의 시각적 표현이다. 이는 복잡한 논리를 전개하거나 작업 과정을 묘사할 때 되도록 시각적으로 이해하기 쉬운 그림으로 흐름을 설명하는 방식이다.

〈공장에서 나온 상품은 도매점이나 직판점으로 납품되고 도매점을 거친 제품은 소매점으로 흘러가는 반면 소매점에서 반품 시에는 도매점을 거치지 않고 지역 사무소로 가고, 직판점에서 반품 시에는 공장으로 간다.〉

→ 뭐가 어디로 어떻게 흘러간다는 것인지 머릿속에 명확하게 그려지지 않는다.

이럴 때는 상품의 흐름이 어떻게 움직이는지를 그림과 같이 표현하면 훨씬 이해하기 쉬워진다.

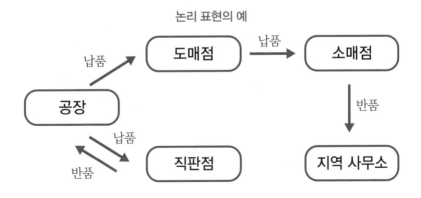

논리 표현의 예

세 번째 원칙은 수치 표현이다. 기획안은 각종 분석 자료나 현황, 목표 등의 정보를 가급적 계량화해서 수치로 나타내야 빠른 의사 결정을 이끌어낼 수 있다. 그리고 이러한 수치는 그래프나 표를 사용해 값이 어느 정도인지를 시각적으로 쉽게 이해하고 상호 비교할 수 있도록 해야 한다.

〈향후 1차년도는 현재보다 좋은 실적을 낼 것이며, 2차년도는 좀 더 좋은 실적을 거두고, 3차 년도에는 매출에 비해서 손익이 많이 상승할 것이다.〉

→좋다는 기준은 어느 정도이고 매출과 손익은 구체적으로 어떻다는 것인가?

이렇게 애매모호한 정보 대신 연도별로 매출액과 손익으로 나누어 수치로 표현한다. 또한 이를 표와 그래프로 작성하면 '좋다'는 것이 어느 정도인지 쉽게 알 수 있으며, 각 연도별로 비교하기도 훨씬 수월해진다.

향후 3개년 계획

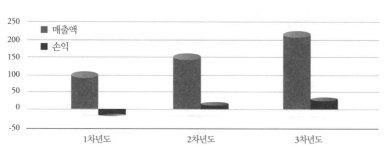

구분	1차년도	2차년도	3차년도
매출액	100	150	210
손익	-11	4	23

＊ 단위: 억 원

네 번째 원칙은 이미지의 표현이다. 직접 보지 않으면 이해하기 어려운 내용을 설명할 때는 사진이나 그림 등 다양한 시각적 이미지를 첨가해 이해를 돕는다.

〈강하지도 약하지도 않은 빨간색 배경에 검은색의 강한 글씨체로 제목을 넣고, 주식 투자의 분위기를 살릴 수 있는 삽화를 곁들인 표지를 만들도록 기획한다.〉

→ 도대체 어떤 형태를 말하는 것인지 문장만으로는 이해가 되지 않는다.

이럴 때는 기획 의도나 개념을 설명해줄 수 있는 그림이나 사진 같은 이미지를 첨부하면 이해하기 쉽다.

이미지 표현의 예

기획의 5단계. 문서로 정리하기(일목요연한 기획서 작성) 중 기획서 표현의 원칙.

아무리 사랑해도 그녀에게 내 마음을 제대로 표현하지 못하면 그녀를 놓칠 수도 있다는 것을 오늘 아침에 온몸으로 구르면서 깨달았다.

마찬가지로 아무리 좋은 기획을 했어도 그것을 일목요연하게 문서로 정리하지 않으면 결국 '내 머릿속의 기획안'밖에 안 된다. 기획안을 작성할 때는 항상 올바른 문장 표현, 논리 흐름의 시각적 표현, 수치의 표현, 이미지 활용이라는 4대 원칙을 염두에 두어야겠다.

5-3

기획서 구성은 목차부터
– 나의 마음을 담아 그녀에게 프러포즈하다

'구슬이 서 말이라도 꿰어야 보배'라는 말처럼 표현이 중요하다는 사실을 이해하게 된 나초보는 드디어 한나난에게 프러포즈하기로 결심했다.

드디어 디데이. 나초보는 자주 데이트하던 카페에서 그녀와 만났다. 잠시 뜸을 들이던 나초보가 한 무더기의 커다란 앨범들을 꺼내 그녀에게 건네준다. 이게 뭔가 싶은 표정으로 앨범을 넘겨보던 그녀가 놀라는 표정을 짓는다.

앨범의 첫 장에는 나초보와 그녀가 처음 데이트한 날 같이 간 음식점과 카페의 영수증이 가지런하게 스크랩되어 있었다. 그 아래에는 '△년 △월 △일. 청담동의 '이탈리안 잡'에서 그녀와 식사를 했다. 그녀가 크림스파게티를 좋아한다기에 같은 걸 주문했다. 별로 좋아하지도 않던 스파게티가 이렇게 맛있을 줄이야. 그녀와 함께라면 불어터진 라면도 맛있을 거야'라고 적혀 있었다.

계속 페이지를 넘겨보니 그동안 같이 본 영화 티켓이며 디지털카메라로 찍은 사진들과 함께 그때마다 즐겁게 웃으며 나눈 이야기들이 적혀 있었다. 언제 찍었는지 모를 자신의 자연스럽고 다양한 사진 속 모습을 보니 절로 웃음이 나왔다. 거기에다 같이 놀러 간 곳에서 본 예쁜 꽃잎과 처음으로 팔짱을 끼고 걷다가 주운 행운의 동전, 그녀가 나초보에게 사 준 선물 포장지와 카드까지 하나하나 정리된 앨범을 보고 있자니 두 사람의 행복했던 추억이 마치 영화를 보듯이 파노라마처럼 펼쳐졌다. 사랑과 정성이 없었다면 만들 수 없는 추억의 앨범 속엔 두 사람의 모든 것이 하나도 빠짐없이 차곡차곡 기록되어 있었다.

그런데 이상하게도 앨범의 마지막 장은 텅 비어 있었다.

"이 빈 곳은 뭐예요?"

"앞으로 우리의 미래가 들어갈 자리예요. 이곳도 나난 씨의 사진으로 채울 수 있게 해줄 거죠?"

그러면서 나초보는 예쁜 반지가 든 작은 상자를 그녀에게 내밀었다.

"저와 결혼해주시겠어요, 나난 씨?"

그녀는 사실 얼마 전부터 나초보와의 미래를 생각하고 있었다. 나초보를 만나기 이전에는 남자들이 늘 자신의 겉모습만 보고 달려든다고 믿었다. 그래서 아무도 진지하게 대할 수 없었다. 하지만 나초보를 사귀기 시작하면서 모든 게 달라졌다. 그와 있을 때는 자신을 포장할 필요를 느끼지 못했다. 그와 함께 있으면 어릴 때부터 부모

없이 크면서 느껴온 왠지 모를 불안감이나 몸에 난 상처에 대한 열등
감이 눈 녹듯 사라지며 마음이 따뜻하고 평온했다. 그러다 마침내 그
에게 청혼을 받자 그녀는 가슴이 찡해지며 눈가에 이슬이 맺혔다.

"네."

그녀의 떨리는 목소리를 듣는 순간, 나초보의 가슴은 터질 것만
같았다. 그녀를 놓치면 도저히 안 될 것 같아 용기를 내긴 했지만 그
녀의 마음을 확신할 수는 없었기 때문이다. 순간 나초보는 마치 세상
을 다 얻은 것만 같았다.

한나난에게 프러포즈를 한 전날의 감격 때문에 나초보는 하루 종
일 꿈속을 걷는 듯 황홀하기만 했다. 하지만 현실은 냉정한 것. 최종
기획안 마감 기한이 임박해오고 있었다.

'도대체 뭘 어떻게 해야 하나? 그동안 이것저것 많이 작업하고 기
획도 했는데, 막상 모든 내용을 종합해서 최종 보고를 해야 한다니까
막막하네.'

나초보는 퇴근 시간이 지났음에도 한 과장이 아직도 사무실에 남
아 있을까 싶어 전략기획팀을 찾았다. 마침 한 과장 혼자 남아서 뭔
가를 열심히 작업하고 있었다.

"한 과장님, 다행히 아직 퇴근 안 하셨네요? 그런데 뭘 그렇게 열
심히 하세요?"

나초보가 인사를 하면서 들여다보자 그는 황급하게 서류들을 덮
어버리고 PC 화면도 재빨리 가리면서 당황한 표정을 지었다.

"어, 나초보구나. 아, 아무것도 아니야. 그런데 왜 아직 퇴근 안 했어?"

한 과장이 갑자기 정색을 하고 무언가를 숨기자 나초보는 무안하기도 하고 한편으로는 궁금하기도 했다.

"흐흐. 성인 사이트에서 이상한 것 보다가 걸린 사람처럼 왜 그러세요? 다름이 아니고 임원 회의 때 그동안 작업한 내용을 정리해서 종합 보고서를 만들어야 하는데 구성을 어떻게 해야 할지 좀 막막해서요."

당황한 기색을 애써 숨기면서 한 과장이 나초보에게 간략하게 설명했다.

"최종 보고서라는 것은 결국 그동안 기획한 내용과 보고한 문서를 일목요연하게 취합한 하나의 통합 문서인 셈이지. 말하자면 핵심만 간추린 일종의 종합 선물 세트라고 할까."

"종합 선물 세트라. 흠, 그거 좋은 표현이네요."

"그동안 나초보가 기능성 스포츠 화장품 기획이라는 과제를 가지고 시장 분석도 하고 기본 전략도 도출하고 구체적인 세부 기획에 자금·손익 기획까지 했잖아? 그런 내용을 어떤 순서로 정리할지 골격을 잡으려면 먼저 목차를 정하는 게 중요하지. 우선 이렇게 큰 목차부터 세우고 그동안 기획한 내용들을 토대로 세부 목차를 정리하면 일단 건물의 기초공사는 끝난 셈이지."

"그러면 그 목차에 맞게 그동안 항목별로 작업한 내용들을 전에 설명해주신 기획안 표현의 4대 원칙에 맞춰 정리하면 되겠군요."

"그렇지, 그런데 주의할 점은 되도록 '한 번에 3가지' 이상의 항목을 나열하지 않는 것이 중요해. 너무 많으면 사람들이 집중하기 어렵고, 너무 적으면 뭔가 빠진 것처럼 느끼거든."

3가지를 넘지 않게 하라

서론, 본론, 결론으로 이어지는 3단계, 그리고 첫째, 둘째, 셋째로 설명되는 3가지의 핵심 메시지 등 사람은 3이라는 숫자에 익숙하고, 때문에 3이라는 숫자는 효과적이다. 3을 넘어가면 너무 많은 정보로 산만해지고 그보다 적으면 너무 단순해진다. 이게 바로 '3의 법칙'이다.

이것을 가장 잘 활용한 사람이 바로 애플의 '스티브 잡스'다. 그는 상대를 설득할 때나 설명회를 할 때에 항상 3가지 항목을 설명하면서 사람들로 하여금 관심을 갖게 하고 집중을 하게 만들었다.

기능성 스포츠 화장품 기획안

– 목차 –

I. 기획 개요
　1. 기획 배경 및 목적

II. 환경 분석
　1. 시장 환경 분석
　2. 소비자 분석
　3. 경쟁사(상품) 분석

III. 기본 전략
  1. 제품 콘셉트 및 성공 요소(KFS)
  2. 마케팅 4P 믹스 전략
  3. 브랜드 전략

IV. 세부 실행 전략
  1. 단계별 추진 전략
  2. 마케팅 제휴 전략
  3. 프로모션 전략

V. 재무 계획
  1. 자금·손익 기획

며칠 후 나초보는 임원 보고용 최종 기획안의 목차와 대략적인 세부 내용을 채워 넣은 초안을 진 팀장에게 제출했다.

"수고했어요. 제품 생산 계획에 대한 구체적인 내용만 좀 추가하면 되겠군. 나초보 씨가 애를 많이 썼구먼."

"별말씀을요. 저 혼자 한 거는 아니고요. 전략기획팀의 한기획 과장님이 많이 도와줬습니다."

"한 과장이? 그러면 한 과장도 자금 계획에 대한 내용까지 알고 있나? 이런……."

"네? 네, 그런데요? 무슨 문제 있나요?"

"……."

순간 진 팀장이 뭐라고 말을 하려다 말고 눈짓으로 나초보에게 따라 나오라는 시늉을 했다.

진 팀장은 비상계단에서 아무도 없는 것을 확인하고는 심각하게 입을 열었다.

"자네는 요새 회사 돌아가는 사정에 대해서 전혀 모르나?"

"회사요? 요즘 좀 힘들다는 건 알고 있죠. 그렇지만 팀장님께서 계시고, 제가 있고, 또 한 과장님 같은 분도 계시잖아요. 기능성 스포츠 화장품 기획안을 잘 마무리해서 우리 회사를 반드시 어려움에서 구해내겠습니다!"

의욕에 가득 찬 나초보의 말을 무시한 채 진 팀장은 나지막이 말했다.

"내 말 잘 듣게나. 지금 모두들, 조직적인 비리를 저지르고 있는 고 전무 앞에 무릎을 꿇느냐 아니면 회사를 떠나느냐 둘 중 하나를 고민 중이라네. 나는 이번 보고를 끝으로 회사를 그만두게 되겠지만 많은 사람들이 고 전무 쪽으로 돌아선 것 같아. 도도한을 비롯해서 한 과장 같은 사람까지 말이야."

"허걱, 아니? 그, 그게 무슨 말씀이세요? 팀장님께서 그만두신다고요? 그리고 한 과장님도 고 전무님이랑 같은 편이라고요?"

진 팀장의 말에 나초보는 믿을 수 없다는 표정으로 더듬거리면서 되물었다.

"이런, 이 친구 아무것도 모르는군. 그 사람도 한통속이야. 그동안 뭐 수상한 점 눈치 못 챘나?"

"그럴 분이 아닌데……. 그러고 보니 가끔 혼자서 뭔가를 작업하시다가 갑자기 숨기곤 하셨던 적은 있는데, 설마 그럴 줄이야."

"아무튼 자네도 조심하도록 하게나."

'휴, 세상에 이럴 수가. 팀장님은 그만둔다고 하시고, 한 과장님은 고 전무님의 비리 기획이나 돕는 하수인이었다니. 젠장, 도대체 뭐가 어떻게 돌아가는 거야? 그럼 결국 기능성 스포츠 화장품 기획을 도와주는 척하면서 나도 비리에 이용해먹으려고 한 건가? 그럼 나는 한 과장님의 비리 기획에 놀아난 셈인가?'

믿는 도끼에 발등 찍힌 격으로, 그렇게 믿고 따랐던 한 과장이 비리의 주역 중 한 사람이라는 사실에 나초보는 심한 충격을 받았다.

○월 ○일 기획 일기

기획의 5단계. 문서로 정리하기(일목요연한 기획안 작성) 중 기획안 구성은 목차부터.

그동안 고생하며 기획해온 기능성 스포츠 화장품에 대한 핵심 사항만 차곡차곡 모아서 목차를 구성해보니 최종 보고용 기획안이 그럴듯해 보인다. 이만하면 임원 회의 때 발표할 만한 기획안일까? 그분들도 나난 씨처럼 내 선물 세트를 마음에 들어 할까? 아니면…….

기획의 6단계

– 관련된 사람들에게 보고하기(프레젠테이션)

성공적인 프레젠테이션을 위해서는 프레젠테이션을 진행할
장소와 각종 기자재, 진행 방법에 대한 점검이 필요하다. 의
외로 이 부분에 대한 점검을 꼼꼼하게 하지 않아서 프레젠테
이션 과정에서 낭패를 보는 경우가 많다.

프레젠테이션 사전 점검

— 그녀의 집에 인사드리러 가다

한나난이 나초보의 청혼을 받아들인 뒤 두 사람은 드디어 그녀의 집에 인사를 드리기로 했다. 나초보는 걱정이 되어 선물은 무엇으로 할지, 뭘 준비해야 할지 그녀와 이야기를 나누고 있다.

"선물은 뭘 사 갈까요? 뭐 좋아하세요?"

"형식적인 거 별로 안 따지시는 분들이니까 그냥 오세요."

"성격은 어떠세요? 어떻게 해야 좋아하실까요? 옷은 어떻게 입고 가는 게 좋을까요?"

초조해하며 이것저것 캐묻는 나초보를 한나난이 진정시켰다.

"후후. 긴장하지 마시고 평소의 나초보 씨 모습 그대로를 보여드리면 돼요."

"흠. 그래도 긴장되네요. 실수하지 말아야 할 텐데. 아무튼 다음 주에 드디어 나난 씨의 친척분들을 뵙게 되는군요."

나초보의 들뜬 분위기와는 달리 그녀는 의외로 담담하고 차분하게 대답했다.

"네……."

그녀의 집에 인사를 가게 돼 기분이 들뜬 나초보는 임원 회의가 열릴 대회의실에서 프레젠테이션을 준비하면서도 연신 콧노래를 흥얼거렸다.

"뭐가 그렇게 좋으냐? 이번 프레젠테이션을 계기로 너와 나는 앞으로 다른 길을 가게 될 거야. 아무튼 잘해봐라."

도도한이 빈정거리면서 회의실을 나갔다.

'저 자식이야 원래 저런 놈이니까 신경도 안 쓰지만 한 과장님이 저런 놈하고 한통속이라니. 정말로 세상에 믿을 사람 없군."

그렇게 중얼거리면서 컴퓨터를 켰는데 인터넷 접속이 되지 않았다.

'어라? 인터넷 연결이 안 되네? 왜 이러지?'

회의실 빔 프로젝터에 연결되어 있는 컴퓨터의 인터넷 접속이 되지 않아 이리저리 끙끙대던 나초보는 끝내 포기하고 총무팀에 가서 도움을 요청했다. 그랬더니 회의실 인터넷 연결 장치에 문제가 있어서 며칠 동안 인터넷을 사용할 수 없다고 했다.

'이런, 인터넷 화면을 보여주며 설명해야 하는 내용이 있는데. 할 수 없이 화면 캡처해서 문서에 추가해야겠군. 미리 확인 안 했으면 큰일 날 뻔했네.'

나초보는 투덜거리며 관련 자료들을 화면 캡처해 문서에 추가한

후 USB 메모리에 저장해 다시 회의실로 향했다.

'어라? 이번엔 뭐야? USB 포트가 안 보이네? 어떻게 된 거지?'

한참 동안 노트북의 USB 포트를 찾아보다 다시 총무팀에 가서 물어봤다. 그랬더니 원래 비치되어 있던 최신형 노트북은 마케팅팀이 전시회에 가져가서 지금은 구형 노트북을 연결했기 때문에 USB 포트가 없다는 것이다.

'속 터지네. 나 참, 정말 여러 가지 하는군.'

나초보는 다시 돌아가 이번엔 문서를 시디에 저장한 다음 회의실 노트북에 넣고 실행해보았다. 그런데 이번에는 프레젠테이션 프로그램이 오래된 구형 버전이라 애니메이션 효과가 제대로 실행되지 않는 것이 아닌가?

'와, 정말 미치겠다. 이거 프로그램도 다시 깔아야 하네. 미리 확인 안 했으면 발표 날에 아주 박살이 날 뻔했군. 참, 그런데 보고용 문서는 몇 부나 출력해야 하는 거야? 몇 사람이나 참석하려나? 그것도 알아봐야겠네. 그리고 그날 차나 음료수도 우리가 직접 준비해야 하나? 이것 참 신경 쓸 게 한두 가지가 아니네.'

나초보는 임원 회의 시간에 발표할 프레젠테이션을 준비하면서 생각보다 챙겨야 할 것이 많다는 것을 느꼈다. 그러자 그녀의 집에 인사를 드리러 갈 때도 이처럼 미리 준비해야 할 것에는 무엇이 있을까를 곰곰이 생각했다.

성공적인 프레젠테이션을 위한 사전점검사항

성공적인 프레젠테이션을 위해서는 프레젠테이션을 진행할 장소와 각종 기자재, 진행 방법에 대한 점검이 필요하다. 의외로 이 부분에 대한 점검을 꼼꼼하게 하지 않아서 프레젠테이션 과정에서 낭패를 보는 경우가 많다.

먼저 회의실의 경우 좌석은 어떻게 배치되었는지, 커튼이나 조명 상태는 어떠한지를 파악해야 한다. 빔 프로젝터를 사용할 경우 커튼이나 조명에 따라 시야에 문제가 생길 수도 있기 때문이다. 그리고 빔 프로젝터에 연결할 컴퓨터는 직접 준비해야 하는지 해당 장소에 비치되어 있는지 확인해야 한다. 만일 비치된 컴퓨터를 사용해야 한다면 필요한 프로그램이 모두 설치되어 있는지, 프레젠테이션 파일은 어떤 형태로 준비해야 하는지도 확인해야 한다.

또한 인터넷을 사용해야 한다면 인터넷 접속과 네트워크 설정 여부도 확인해야 한다. 일부 기업들은 네트워크 보안 설정이 되어 있어 특정한 사이트에 접속이 안 되거나 작업하는 데 문제가 발생하는 일도 있다. 때문에 사전에 확인해보아야 한다. 그리고 발표용 문서 외에 참석자들에게 별도의 유인물을 나누어 줘야 하므로 참석자 수에 맞춰 프린트해두어야 한다. 마지막으로 음료 등 다과도 미리 준비해두도록 한다.

프레젠테이션 준비를 위해 한참을 고생한 나초보가 드디어 모든 점검을 끝내고 잠시 숨을 돌리는 사이 한 과장이 회의실에 들어섰다.

"프레젠테이션 준비하느라 고생하네. 내가 뭐 도와줄 거는 없어?"

그의 말에 나초보는 고개도 돌리지 않은 채 싸늘한 음성으로 대답했다.

"이제는 한 과장님의 도움 따위는 필요 없어요. 제가 알아서 할 겁니다."

뜻밖의 말에 한 과장은 놀란 표정을 지으면서 나초보에게 다가섰다.

"아니 왜 그래? 무슨 일 있어?"

"무슨 일은 제가 아니라 한 과장님한테 있지 않나요? 고 전무님한테 붙어서 그런 식으로 아부하니까 초고속 승진이라도 보장해주던가요? 회사 다 말아먹고 혼자서만 출세하시게요?"

"나초보, 그, 그게 무슨 소리야?"

나초보의 가시 돋친 말에 한 과장이 말을 더듬거렸다.

"그게 아니라면, 왜 사무실에서 비밀스레 작업을 하고, 고 전무님 방에 들락거리고, 경리팀에 가서 회사 자금 운용에 대한 내용을 캐고 다니고 그러세요? 저한테도 그런 비리 작업시키려고 기획 가르쳐준다고 한 거죠? 한 과장님이 그런 사람인지는 정말 몰랐어요. 그런 속물이 되기 싫어 사표를 던지려는 우리 팀장님이 훨씬 훌륭하네요. 저는 그럼 바빠서 이만."

나초보가 한바탕 퍼붓고는 회의실을 나가버리자 한 과장은 이내 비장한 표정을 지으며 뭔가를 결심했다.

'이런, 진 팀장이 사표를 낸다고? 흠, 그리고 나초보가 저렇게 나올 정도면 회사 내에 암암리에 일이 많이 알려졌겠군. 더 늦기 전에 이제는 손을 써야겠어.'

○월 ○일 기획 일기

기획의 6단계. 관련된 사람들에게 보고하기(프레젠테이션) 중 프레젠테이션 사전 점검.

프레젠테이션 준비하느라 도대체 오늘 몇 번이나 회의실을 들락거렸는지 모른다. 아이고, 힘들어 죽겠다. 별것 아닐 것 같은 프레젠테이션도 막상 신경 써야 할 게 이렇게 많구나. 인터넷, 컴퓨터, 파일, 프로그램, 조명, 유인물에 다과까지. 오늘 혼자서 무슨 출장 뷔페 준비한 것만 같네. 아, 준비만도 이렇게 힘든데 또 막상 프레젠테이션 진행은 어떻게 해야 하나? 프레젠테이션 잘하는 방법에 대한 자료도 좀 찾아보고 선배들한테 조언도 구해봐야겠다.

6-2

프레젠테이션 진행
– 어떻게 해야 결혼을 허락받을 수 있을까?

　나초보는 여러 사람들에게 자문도 구하고 관련 자료들도 찾아보면서 성공적인 프레젠테이션을 위한 몇 가지 원칙을 세웠다. 그러고는 마치 선거 후보자가 정책 토론회를 준비하듯, 귀찮아하는 동생을 참석자로 삼아 다양한 상황을 설정해 열심히 연습을 마쳤다.

　드디어 그동안 기획한 기능성 스포츠 화장품에 대한 최종 기획안을 발표하는 임원 회의 자리. 이번에는 사안의 중요성 때문에 임원들뿐만 아니라 각 부서 팀장들과 주요 담당자들도 함께 참석했다.

　발표 시간이 다가오면서 나초보는 긴장하기 시작했지만 이내 '자연스럽게 연습 때처럼 하면 된다'고 스스로에게 암시를 걸었다. 이윽고 발표를 시작한 나초보는 준비한 자료를 차분히 설명해나가기 시작했다.

　"……그래서 현재의 시장 환경을 분석한 자료에 의하면……."

그러면서 듣는 사람들이 지루하지 않도록 오히려 참석자들에게 어떤 방안과 아이디어가 있을지 질문을 던져보기도 했다. 그리고 중요한 전략적 방안에 대해서는 목소리 톤을 높여 분명한 어투로 반복해서 설명했다. 또한 틈틈이 시계를 보면서 시간을 초과하지 않도록 설명하는 분량을 조절했다.

마침내 기본적인 설명이 모두 끝나고 참석자들의 질문이 이어졌다. 몇몇 질문은 일반적인 내용이라 무난하게 답변할 수 있었다. 그런데 화장품 성분의 연구·개발 책임을 맡고 있는 연구소장이 꽤나 까다로운 성분을 개발해야 한다는 부담감 때문에 기획안의 문제점을 끝까지 물고 늘어졌다. 그렇지만 나초보는 직접 언쟁을 벌이기보다는 다소 문제점이 있다는 것을 먼저 인정한 후 그럼에도 좀 더 넓은 안목에서 이번 기획안의 의미와 성공 가능성을 검토해달라고 강조했다. 그러자 참석자들은 시행착오를 좀 겪더라도 연구소에서 최선을 다해 노력해보자는 의견들을 제시했다. 반론에 바로 대꾸하며 상대방을 기분 나쁘게 하기보다는 우회적인 방법을 통해서 문제를 해결한 셈이다.

성공적인 프레젠테이션을 위한 원칙

– 긴장을 풀고 어색하지 않게 자연스러운 분위기를 연출한다.

- 결론을 먼저 이야기할지 나중에 이야기할지를 미리 정해둔다.
- 혼자만 떠들지 말고 참석자에게 질문을 던지면서 관심을 집중시킨다.
- 방안이나 결론은 강조하고 반복한다.
- 같은 말이라도 듣는 상대방이 기분 나쁘지 않도록 한다.
- 정해진 발표 시간을 지킨다.

나초보의 프레젠테이션은 조금 서툴고 어색한 점도 있었다. 하지만 생생한 사례들을 중심으로 열정적으로 발표한 덕분에 참석자들의 호응을 이끌어낼 수 있었다. 특히 소비자를 목표치나 통계, 판매 대상이 아닌 마치 연인처럼 진심으로 존중해야 한다는 관점에는 모두 깊은 감명을 받았다. 그리고 치밀한 자료 조사는 물론 발로 뛰는 노력으로 확인한 살아 있는 정보를 바탕으로 내용을 잘 정리해 매우 설득력 있는 기획안이라는 인상을 심어주었다.

그때, 고 전무가 냉소적인 표정을 지으며 특유의 권위적인 목소리로 반문했다.

"수단 방법 안 가리고 소비자의 지갑을 열어 물건을 많이 팔아먹을 방법만 고민해도 시간이 모자랄 판에 뭐, 소비자를 애인처럼 사랑하라고? 지금 우리가 무슨 드라마 찍나? 그리고 스포츠를 즐기는 여성을 위한 화장품이라고? 그게 시장이 커야 얼마나 크겠나? 그런 유치하고 소극적인 기획안을 가지고 현재 우리 회사의 난국을 타개해

나갈 수 있다고 생각하나?"

"그건……."

나초보가 질문에 대답하기도 전에 고 전무가 말을 끊었다.

"내가 이럴 줄 알고서 은밀하게 대비해놓은 게 있지. 한 과장, 발표해봐요."

그러자 이번에는 한기획 과장이 나서서 자신이 준비한 기획안을 발표했다. 발표 주제는 저가 화장품을 개발해 전국에 체인점을 두고 판매해보자는 것이었다. 대부분 사람들이 '그건 좀 아닌데' 하는 표정을 지었지만 고 전무의 눈치를 살피느라 아무 말도 못하고 있었다. 발표는 저가의 신상품을 유통시키기 위해서는 엄청난 유통비용과 인원에 대한 투자가 필요하기 때문에 별도의 자회사를 설립해야 한다는 결론으로 끝이 났다. 그런데 그 액수가 엄청나게 큰 금액이어서 모두들 놀랐다.

"왜들 그러시나? 그 정도 금액은 되어야 그런 사업을 벌일 수 있지. 크게 벌여야 크게 기회를 잡는 거라고. 사람들이 말이야, 이렇게 통이 좁아서야 원."

고 전무가 참석자들을 둘러보면서 한심하다는 듯 말을 건네자, 한 과장이 또박또박 힘이 들어간 목소리로 그런 고 전무를 쳐다보며 말을 이었다.

"네, 이와 같이 투자 금액이 크면 클수록 회사 돈을 빼돌려서 챙기기가 쉽겠지요. 그렇게 해서 뒷주머니를 두둑하게 하려고 이렇게 사업을 부풀리도록 지시한 것 아닙니까? 고 전무님?"

한 과장의 충격적인 발언에 회의실에 참석한 모든 사람들이 술렁대기 시작했다. 고 전무가 당혹감에 일그러진 표정으로 벌떡 일어나 한 과장에게 고함을 쳤다.

"아니? 당신 그게 무슨 소리야? 지금 제정신이야? 내가 누구인 줄 알고 감히 나한테 그따위 소리를 지껄이는 거야? 당신 당장 해고야! 지금 당장 이 자리에서 꺼져버려."

그때 어디선가에서 나지막하지만 위엄 있는 목소리가 들려왔다.

"누구 맘대로 내 손자를 해고한다는 건가?"

오랫동안 병환으로 모습을 볼 수 없었던 오로라화장품 사장이 휠체어에 앉아 천천히 회의실로 들어섰다. 모두들 놀라움 반 반가움 반으로 일어나 그에게 인사를 했다.

"자, 회의를 계속하도록 합시다. 모두들 앉으세요."

사장이 회의실 분위기를 진정시키고 나자 한 과장이 계속 이야기를 이어갔다.

"그래서 이런 음모를 실현시키기 위해……."

"그게 무슨 소리야? 그런 근거 없는 얘기를 막 지껄여도 되는 거야? 사장님! 이건 음모입니다! 저는 억울합니다."

한 과장의 말을 끊으며 고 전무가 소리를 질렀지만 한 과장은 개의치 않고 발언을 계속해나갔다.

"경리팀의 김 과장에게 압력을 넣어 자금 횡령을 종용한 것도 바로 그 때문입니다. 사실 고 전무님의 공금 착복은 그 훨씬 전부터 있어왔습니다. 그 비밀 장부가 바로 제 손에 있는 이것입니다."

그러면서 한 과장이 장부 몇 개를 펼쳐 보였다. 그러자 기세등등
하던 고 전무의 얼굴이 당혹감에 새하얘졌다.

"또한 이러한 자금 횡령으로도 모자라서 이번에는 신상품개발팀
의 도도한 씨와 저를 회유해 별도의 유통 회사를 차린 후 본인이 좌
지우지하려는 계획을 세웠습니다. 그리고 이를 저지하려던 신상품개
발팀의 진저리 팀장한테는 자리 보존을 하고 싶으면 잠자코 있으라
는 협박까지 했습니다. 이래도 억울하다고 하실 겁니까? 음모는 바
로 당신이 꾸민 겁니다."

한 과장이 고 전무의 비리 증거들을 폭로하자 고 전무는 참담한
표정으로 애원하듯 사장을 쳐다보았다.

"자네는 이 길로 짐을 꾸려서 회사를 나가주게. 그리고 조만간 경
찰에서 연락이 갈 걸세."

사장의 단호한 말에 고 전무는 그 자리에 털썩 주저앉으며 두 손
으로 얼굴을 감쌌다. 도도한 역시 책상에 머리를 처박고는 손으로 자
신의 머리카락을 쥐어뜯었다.

그렇게 프레젠테이션은 충격적인 분위기 속에서 끝났다. 고단수
전무가 이토록 갑자기 물러나게 된 것도 큰 충격이었지만 한기획 과
장이 사장의 손자라는 사실에 사람들은 더 놀랐다. 물론 그중에서도
가장 당혹해한 사람은 나초보였다. 자신의 기획 스승이었지만 고 전
무와 같은 편이라고 오해했던 한 과장이 바로 회사 창업주인 사장의
손자였다니.

그 일이 있은 후 고 전무와 도도한을 비롯해 비리에 자발적으로

참여했던 사람들은 모두 회사를 떠났다. 그렇지만 고 전무의 압력 때문에 어쩔 수 없이 협조했던 선의의 피해자들은 회사에 남을 수 있게 조치되었으며 그들은 자신의 잘못을 뉘우치고 더욱 열심히 일하게 되었다.

폭풍과도 같았던 프레젠테이션이 있은 지 얼마 후 나초보는 드디어 한나난의 집에 인사를 하러 가게 되었다. 임원 회의 때의 프레젠테이션처럼 열과 성을 다해 마음을 표현한다면 그녀의 친척들도 자신을 받아줄 거라고 생각하면서 한나난네 집 초인종을 눌렀다.

"네, 알겠습니다. 잠시만 기다리세요."

나초보가 신분을 밝히자 인터폰 저편에서 차분한 중년 여성의 목소리가 들렸다. 이윽고 문이 열리고 목소리의 주인공이 나타났다.

"안녕하세요? 나초보라고 합니다. 이렇게 만나 뵙게 되어……."

"호호호!"

그의 인사에 중년 부인이 한참을 웃더니 말했다.

"저는 이 집에서 일하는 사람이니까 저한테 잘 부탁하실 건 없어요. 아가씨가 기다리고 있어요. 들어오세요."

'일하는 사람? 아가씨?'

나초보가 의아해하면서 그녀를 따라서 집 안으로 들어섰다.

"나초보! 오늘 결혼 승낙 요청 프레젠테이션은 제대로 준비하고 온 거야?"

어디선가 낯익은 목소리가 들리는가 싶더니 한기획 과장이 환하게 웃으면서 그 앞에 나타났다.

"아니? 한 과장님이 왜 여기에?"

난데없는 한 과장의 등장으로 나초보가 놀라서 묻는 동안 한 과장 뒤로 이번엔 한나난이 오로라화장품 사장이 탄 휠체어를 밀면서 나타났다.

"아…… 이게 무슨 일이에요? 왜 나난씨 집에 사장님이? 아니, 사장님 댁에 나난 씨가 온 건가?"

"나초보 씨, 저희 가족을 소개드릴게요. 사랑하는 저의 할아버지와 오빠예요."

뭐가 뭔지 영문을 몰라 얼떨떨한 표정을 짓고 있는 나초보에게 한나난이 웃으며 자초지종을 설명했다.

사장의 외아들 내외는 결혼 후 외국으로 유학을 떠났고 그곳에서 한기획과 나난을 낳았다. 그런데 어느 날 이들 남매를 데리고 놀러갔다가 그만 교통사고를 당하고 말았다. 나난의 부모는 그 자리에서 사망하고 어린 남매만 간신히 살아남았다. 나난의 몸에 난 큰 흉터도 그때 생긴 것이었다. 그후 사장은 자신의 아들이 사망했다는 소식이 전해지면 후계 구도를 둘러싸고 친척들을 비롯한 고위 간부들의 끊임없는 암투가 벌어질 것이라 생각했다. 그래서 어린 남매들이 또 한 번 상처를 입을까 봐 두 사람도 사망한 것처럼 꾸며서 주변 사람들 몰래 비밀리에 남매를 맡아 키운 것이다.

"그런 가족의 비밀이 있었군요. 그런데 남매라면서 어떻게 하나도 안 닮았어요? 두 분이 남매일 거라고는 꿈에도 생각 못했네요. 혹시 가족의 비밀 외에 출생의 비밀이 있는 것은 아닌가요?"

나초보의 황당한 질문에 모두들 어이없는 표정으로 한동안 허허, 웃기만 했다.

"둘이 남매이고 두 사람 모두 내 손주라는 점은 내가 보증하니까 그런 걱정은 말게나."

모두들 한바탕 웃고 나서 한 과장이 물었다.

"자, 이제 우리 나난이를 데려다가 어떻게 행복하게 해줄지 준비해 온 프레젠테이션을 시작해봐. 괜히 꼼수를 부리거나 제대로 못하면 이 자리에서 쫓겨날 수도 있어. 하하!"

"한 과장님, 무슨 그런 끔찍한 말씀을……. 아무튼 나난 씨를 늘 아껴주면서 행복하게 잘 살겠습니다. 부디 저희 결혼을 허락해주십시오."

한 과장의 엄포에 나초보가 처음엔 엄살을 부리더니 이내 정색을 하고서 힘찬 목소리로 모두를 쳐다보면서 말했다.

"우리 나난이가 고아란 걸 알았을 때도, 또 몸에 난 큰 흉터를 보고도 오히려 따뜻하게 위로해준 사람인데, 그 정도면 우리 나난이가 오로라화장품 창업주의 손녀딸이 아니라 노숙자의 딸이라도 편견 없이 사랑하고 행복하게 해주겠더군."

"그러게 말이에요. 제가 봐도 참 쓸 만한 녀석이에요. 기획 못하고 헤매기에 좀 가르쳐주니까 이제는 일도 꽤나 잘하더군요."

사장이 인자한 눈으로 나초보를 쳐다보면서 그의 인간됨을 칭찬하자 한 과장도 그의 어깨를 두들기며 한마디 거들었다.

"그럼 허락해주시는 겁니까? 아이고, 감사합니다. 사장님. 한 과장님."

"이런, 사장님이 뭔가? 이제 나는 자네한테 처조부가 되니까 그냥 할아버지라고 부르고 기획이한테는 형님이라고 부르게나. 물론, 지금 같은 사석에서만이야."

"아, 네 알겠습니다. 사장님, 아니 할아버님 그리고 형님."

그렇게 한나난네 집에서의 '결혼 승낙 요청 프레젠테이션'은 시종일관 화기애애하고 웃음이 넘치는 분위기 속에서 진행되었다.

■ ○월 ○일 기획 일기

기획의 6단계. 관련된 사람들에게 보고하기(프레젠테이션) 중 프레젠테이션 진행.

내가 달변가가 아니어서 걱정했지만 몇 가지 원칙만 잘 지키려고 노력했더니 잘했다는 반응들이 쏟아졌다. 단지 말만 잘한다고 프레젠테이션을 잘하는 게 아니라는 걸 알았다. 그리고 참석자들의 관심을 유발할 수 있도록 프레젠테이션 자료를 잘 구성하고 진행하는 것도 중요한 것 같다.

사전에 철저한 준비를 하면 결국 프레젠테이션 과정에서 그 효과가 드러난다는 사실은 나난 씨 집에 인사드리러 가서도 느낄 수 있었다. 휴, 평소에 나난 씨에게 잘해주려고 한 것이 결정적인 순간 화기애애한 프레젠테이션으로 이어질 줄이야.

기획의 7단계

– 기획 사후 관리하기(실행 및 보완 작업)

기획이란 한 번 기획하고 나면 손 놓고 끝나는 작업이 아니다. 기획안을 실행하면서 생기는 여러 가지 문제점을 해결하면서 시장 환경과 소비자의 반응, 회사 역량의 변화 등에 따라 꾸준히 기획을 수정하고 보완해야 한다.

사후 관리/피드백
― 언제나 처음처럼 설레는 마음으로

한나난의 집에서 결혼 승낙을 받은 후 나초보는 마음이 날아갈 듯 기뻤다. 하지만 솔직히 한나난이 막상 창업주의 손녀라고 생각하니 좀 어색하고 부담스럽기도 했다. 그래서 그녀를 대할 때도 전처럼 편하지가 않았다. 그의 이런 모습에 그녀는 섭섭함을 토로했고 나초보는 새로운 상황에 익숙해지지 않아 자신도 어쩌지 못하는 마음을 몰라주는 그녀가 야속했다. 이렇게 서로 간의 오해로 두 사람은 언쟁까지 벌이게 되면서 냉전 모드에 돌입했다.

그 와중에 기능성 스포츠 화장품에 대한 회사의 최종 승인 결정이 났다. 이제 모든 작업이 끝났구나 생각한 나초보도 한숨을 돌렸다. 그런데 그 후 예상치 못한 문제점들이 여기저기서 터져 나오기 시작했다.

우선 신상품을 위한 성분 개발을 시작한 연구소에서 심각한 문제점을 알려왔다. 기획안의 내용대로 개발하다 보니 개발 비용과 기간이 예상보다 훨씬 많이 들 것 같다는 것이었다. 그뿐만이 아니었다. 경쟁사에서 비슷한 제품을 만들려는 움직임이 감지됐다. 그래서 제품의 출시 시기가 중요한 이슈로 떠올랐다.

한편 영업팀에서는 아직 검증도 안 된 제품에 대한 매출 계획이 높게 잡혀 있어서 제품 출시 후 자신들이 영업 압박을 받을 수도 있다며 걱정했다. 그래서 매출 계획을 조정해달라는 압력성 청탁을 하기 시작했다.

'산 넘어 산이네. 이게 뭐야? 고생해서 기획안 만들고 프레젠테이션 마치고 결재까지 났는데도 끝나는 게 아니잖아? 애프터서비스하는 것도 아니고 이것저것 손봐야 할 게 많네. 이것 참.'

이런 심각한 문제에 비한다면 마케팅팀의 의견은 고맙기만 했다. 마케팅팀이 프로모션 기획을 기존의 다른 상품 브랜드와 병행해서 실시할 수 있도록 자신들이 보완해나가겠다고 나서주었기 때문이다.

나초보가 기획 이후에 계속해서 벌어지는 여러 상황과 문제점에 대해 고민하고 있는데 어느새 한 과장이 다가와서 말을 건넨다.

"뭘 그렇게 혼자서 중얼거려?"

"한 과장님. 이것 참, 피곤하네요. 기획안 완성해서 프레젠테이션 마치고 결재까지 받았는데도 끝이 아니네요? 여기저기서 기획안 내용을 수정해야 할 상황들이 벌어지고 있어요."

"그거야 당연하지. 기획안이 결재에서 오케이 사인을 받았다고 기획자 업무가 다 끝나는 것이 아니야. 그래서 '기획안은 실행을 해봐야 그 진가를 알 수 있지'. 기획안을 보완하고 수정해야 하는 것은 물론 기획안이 성공적으로 실행될 수 있도록 관리하는 것까지 모두 기획자의 역할이야. 물건 팔고 나서 애프터서비스를 안 해준다면 말이 되나? 평생의 반려자가 되겠다고 맹세했으면 결혼 후에도 사후 관리를 잘해야지."

기획이 진가를 발휘하려면 실행이 뒤따라야

세계적인 경영 전문가 피터 드러커(Peter F. Drucker)는 "계획을 실행에 옮기지 않는다면 단지 좋은 의도일 뿐이다"라고 역설했다. 아무리 좋은 기획을 해도 그것이 실행에 옮겨져서 결과를 만들어내지 않는다면 그 기획은 아직 무용한 것일 뿐이다. 실행에 옮겨져 성과를 냈을 때에야 기획은 그 의미가 있는 것이다.

"끙, 그렇군요. 끝났다고 생각할 때가 알고 보면 또 다른 시작인 셈이군요. 그렇다면? 헉! 이것 참 큰일 났네."

나초보가 갑자기 난감한 표정을 지으며 말하자 한 과장이 의아한 표정으로 묻는다.

"왜 그래? 무슨 일 있어?"

"요즘 나난 씨하고 냉전 모드거든요. 오해가 쌓였는데 잘 해결하지 못하고 그만 싸우고 말았어요."

"이런, 요즘 여자들은 결혼만 하면 싹 달라지는 남자들의 행태를 예전처럼 그냥 봐주지 않아. 함부로 간 큰 남자처럼 굴었다가는 큰코 다친다고. 결혼 약속했다고 다 끝난 것이 아니야. 항상 피드백을 받아서 사후 관리를 잘 해야지."

"오늘 당장 만나서 화해해야겠어요. 사후 관리 확실히 해야지. 고마워요. 형님."

"어허, 회사에서는 그런 호칭 쓰지 말라니깐. 그리고 데이트도 좋지만 다른 부서에서 들어온 기획안 피드백도 잘 점검해서 보완해야지?"

나초보의 갑작스런 '형님'이라는 호칭에 한 과장이 정색을 하면서 말했다. 그러면서도 형님이라는 말이 싫게 느껴지지는 않았다.

"네, 알겠습니다. 당장 상황 파악하고 문제점을 해결할 수 있도록 기획안을 보완해서 제출하겠습니다."

그렇게 말한 후 나초보는 비상계단으로 달려가 한나난에게 전화를 걸어 만나자고 약속했다.

오래간만에 만난 한나난과 나초보가 '브리짓 존스의 커피'라는 카페의 한 테이블에 마주 앉았다. 잠시 침묵이 흐른 뒤에 한나난이 핸드백을 열고서 나초보가 사랑을 고백하며 건네준 반지 상자를 꺼내서 내밀었다. 그녀의 갑작스러운 행동에 나초보는 가슴이 철렁했다.

"이, 이건, 나난 씨. 그동안 정말 잘못했어요. 미안해요. 앞으로는 ……."

애처롭게 더듬으며 말하는 나초보를 물끄러미 바라보던 그녀가 갑자기 손으로 머리를 매만지면서 마른기침을 해댔다. 나초보가 고개를 들어보니 그녀의 손에는 그가 준 반지가 그대로 끼워져 있었다. 놀란 표정으로 그가 반지 상자를 열어보자 거기에는 또 다른 반지가 들어 있었다.

"나초보 씨, 전에는 고아에 상처투성이인 한나난에게 평생 동반자가 되어주겠다고 프러포즈하셨죠? 오늘은, 오로라화장품 창업주의 손녀인 한나난의 사랑을 받아주실래요?"

나초보는 가슴에서부터 우러나오는 목소리로 간신히 대답했다.

"네, 나난 씨."

한나난을 진심으로 사랑한 나초보는 결국 그녀로부터 넘치는 사랑을 받게 된 것이다.

기획도 애프터서비스가 필요하다

기획자는 기획안 제출만이 아닌 기획안의 입안과 실행 그리고 실제 진행 과정에서 생기는 피드백을 관련 부서와 해당 담당자에게 받아 문제점을 보완한 수정안까지 제시해야 한다. 기획자가 기획자로서 능력을 인정받고 성공하려면 자신이 만든 기획안에 대해서 언제라도 웃으면서 기꺼이 '애프터서비스'도 해주고 '교환·반품'도 해줘야 한다.

이처럼 기획이란 한 번 기획하고 나면 손 놓고 끝나는 작업이 아니다. 기획안을 실행하면서 생기는 여러 가지 문제점을 해결하면서 시장 환경과 소비자의 반응, 회사 역량의 변화 등에 따라 꾸준히 기획을 수정하고 보완해야 한다. 다시 말해, 기획을 구상하고 그 기획안이 채택되어 실행되도록 하며, 실행되는 과정에서 생기는 피드백을 통해 처음 기획을 보완하면서 궁극적으로 최적의 결과를 얻을 수 있도록 '토털 서비스'를 제공해야 한다는 것이다.

왜냐하면 기획의 목적은 기획 그 자체가 아니라 기획을 통해 세운 전략을 실행하고 이를 통해 좋은 성과를 올리는 것이기 때문이다. 그러므로 기획은 곧 실행이고 결과를 만들어내는 밑거름이 되어야 한다는 것을 잊으면 안 된다.

사랑하는 연인을 대하듯 소비자에게 관심을 가지고 진심으로 대하면 때로 소비자는 분에 넘치는 사랑을 기업에 되돌려준다. 따라서 진정한 기획은 소비자를 향한 가슴 설레는 순수한 사랑에서 시작해야 한다.

기획의 7단계. 기획 사후 관리하기(실행 및 보완 작업) 중 사후 관리/피드백.

기획안을 작성하여 발표했다고 해서 할 일 다한 것처럼 손 놓고 있다가는 큰코다친다는 것을 알았다. 기획안이 입안되어 실행되면 그 과정에서 생기는 피드백을 관련 부서와 해당 담당자에게 받아 문제점이나 보완할 점을 반영해 수정안을 계속해서 제시해야 하는 거였다.

'요람에서 무덤까지'라는 말처럼 기획 아이디어를 제안할 때부터, 기획안을 작성하고 발표한 뒤 그것이 실행되어 최종 결과물이 나올 때까지 책임 있게 챙겨야 진정한 기획자라는 말이다.

결혼해서 아이를 낳고 자식을 키우는 것도 이런 느낌과 비슷할까? 벌써 애 아빠가 된 듯한 느낌이다.

사전 검증 프로토타입/테스트베드

– 미리 살아보면 안 될까?

한나난에게 프로포즈도 성공하고 집에 인사드리러 가서 허락도 받았으니 이제 다 된 것 아닌가 싶은 생각이 든 나초보, 그런데 뉴스를 보다가 최근 황혼 이혼이 늘고 있다는 기사를 보고는 문득 걱정이 앞섰다.

'우리도 살다가 혹시라도 이혼하게 되는 상황이 오지는 않을까? 그런 비극을 막으려면 어떻게 해야 할까? 결혼하기 전에 동거라도 해서 한번 살아보면서 문제가 없을지 미리 따져보기라도 해야 하는 것일까? 이것 참.'

이런 고민을 하다 나초보는 한나난을 만나 결국 뜬구름 잡는 질문을 하고 만다.

"요즘 이혼율이 높다던데, 그럴 바에 우리 미리 한번 살아보고 결혼할까요?"

"네? ……."

한나난은 당혹스런 표정을 지으며 대답을 흐렸다.

"아, 아니에요……, 그냥 농담한 거예요, 미안해요, 신경 쓰지 마세요. 자, 식사나 하자고요."

그렇게 두 사람은 썰렁한 분위기에서 식사를 해야만 했다.

미리미리 대비하는 백신, 시제품과 테스트

기업이 사업을 계획하거나 신상품을 기획할 때에는 나름대로 완벽하게 시장 분석을 하고 확실하게 차별화되는 성공 요소(KFS)를 도출하여 전략을 세운다. 그럼에도 그것이 언제나 100퍼센트 성공한다는 보장은 없다. 우리는 매일매일 수도 없이 많은 새로운 상품이나 서비스를 접한다. 그중 상당수는 시장에서 살아남지 못하고 경쟁에 밀려 소리 소문 없이 사라지고 만다.

그래서 사업이나 서비스를 본격적으로 시작하기 전에 시험적인 제품이나 서비스를 내놓고 소비자의 반응을 살펴보는 테스트 단계를 거친다. 이러한 과정을 통해 예상치 못한 문제점을 발견하거나 기대와는 다른 소비자의 부정적 반응을 접하기도 한다. 이때 파악된 문제점들을 해결하는 데 너무 오랜 기간과 자원이 소요되는 등 근본적인 문제가 있을 경우에는 기획 자체를 백지화하는 경우도 발생한다.

시제품, 프로토타입, 테스트베드

시제품(試製品)은 말 그대로 시험 삼아 만든 제품을 의미하는데, 주로 상품 기획에서 보편적으로 많이 사용하는 개념이다. 프로토타입(prototype)은 시제품보다는 좀 더 넓은 범주로서 상품뿐만 아니라 인터넷 서비스나 게임 같은 콘텐츠까지 포함해 미리 소비자가 경험해볼 수 있도록 실제와 동일하게 만들어놓은 것을 의미한다.

테스트베드(test bed)는 신제품의 시험 무대라는 의미인데, 상품이나 서비스가 실제로 사용되는 환경을 조성해 시험해보는 것이다. 예를 들어, 화재를 대비한 대피 시스템을 구축하기 위해 화재 시와 같은 상황을 조성해놓고 사람들의 반응, 시설의 문제점, 방화 장비의 설치 장소와 방법 등을 점검해볼 수 있는 시험장을 만들었다고 치자. 이 시험장이 실제 화재 대피 시스템의 테스트베드라고 할 수 있다. 우리나라가 세계적인 IT 기업들의 테스트베드라고 불리는 까닭은 우리나라의 IT 환경(인프라, 서비스 이용, 시장 및 소비자 반응 등)이 세계 어느 나라보다 IT 관련 상품·서비스를 테스트해보기에 좋은 조건이기 때문이다. 이처럼 한 나라 전체가 한 상품의 테스트베드가 되기도 한다.

알파(α), 베타(β) 버전은 특히 소프트웨어 개발 시에 많이 사용되는 용어다. 알파 버전은 주로 회사 내 관련자들에게 기획 의도대로 개발이 되었는지를 검증받기 위해 배포하는 것이고, 베타 버전은 개발을 완료한 뒤 사용자들에게 배포하여 실제 성능과 품질을 검증받기 위한 소프트웨어나 제품을 의미한다. '△△ 게임 베타 서비스 개시', '○○ 베타 서비스 오픈' 같은 말들을 들어본 적 있을 것이다. 많은 제품들이 이러한 과정을 통해 발견된 문제점들을 개선한 뒤 시장에 정식으로 발매된다.

기획이 잘못된 것일까? 개발이 문제일까? 근거를 남기고 문제를 분석한다

기획안이 채택되어 집행되고 실제 제품이 시장에 출시되었는데 시장의 반응이 영 신통치 않은 경우에는 원인을 분석해 다음 기획에서 보완, 해결책을 제시해야 한다. 이럴 때 필요한 것이 기획(프로젝트)의 전 과정을 되짚어보는 작업인데, 이를 '포스트모텀(postmortem)'이라고 한다.

잘된 기획에서는 단계별로 관련된 실무자들의 책임 소재가 명확하고 이에 대한 객관적인 근거 역시 뚜렷하다. 따라서 제품에 문제가 발생했을 때 그 원인도 상대적으로 쉽게 파악할 수 있다.

TIP 사인(死因)을 밝히는 부검처럼, 문제의 원인을 찾아낸다 – 포스트모텀

'포스트모텀'은 원래 검시(檢屍), 부검(剖檢)을 뜻하는 의학 용어. IT 업계 등에서 어떤 프로젝트의 개발이 끝난 뒤 개발 과정을 문서 작성이나 토의 등의 방법으로 하나하나 되짚어보는(일종의 복기) 작업을 지칭하기도 한다. 이러한 작업을 통해 프로젝트의 성공 요소나 다양한 문제점을 분석 · 도출하여 관련 실무자들의 업무 역량을 강화할 수 있으며, 작업 결과는 사내 지식 데이터베이스로도 활용할 수 있다.

실패가 끝이 아니다, 실패에서 새로운 기회가 싹트기도

남성형 탈모제로 유명한 프로페시아는 미국 식품의약국(FDA)으로부터 최초로 먹는 탈모제로 승인된 의약품이다. 원래 이 약은 탈모가 아니라 전립선비대증을 치료하기 위해서 개발되었다. 임상 실험 중에 환자들의 털이 굵어지고 많아지는 부작용이 발생하자 담당자들은 당황했다. 그러나 곧 이런 부작용에서 아이디어를 얻어 탈모 치료 쪽으로 연구의 방향을 돌리게 되었다.

세계적으로 널리 사용되는 프로페시아는 부작용이라는 실패를 전혀 다른 쪽에서 성공의 기회로 뒤바꾼 결과물이다. 우리가 잘 아는 비아그라 역시 원래는 협심증 치료제로 개발되었으나 임상 실험 과정에서 남성의 발기에 효과가 있다는 뜻하지 않은 부작용이 나타나 이를 발기부전 치료제로 개발한 것이다.

'실패에서 배운다'라는 말이 있다. 이처럼 기획 의도와 다른 결과가 나타났다고 해서 이를 실패로 간주하고 좌절할 것이 아니라, 좋은 기획자는 그러한 변화 자체를 기회로 볼 줄 알아야 한다.

기획의 7단계. 기획 사후 관리하기(실행 및 보완 작업) 중 프로토타입.

나 혼자 먹을 라면이라면 이것저것 마음에 드는 재료를 넣어 끓였다가 맛이 없으면 다시 새로 끓여 먹으면 그만이다. 하지만 대규모의 자금과 인원, 기간이 소요되는 기업의 신규 사업이나 신상품 개발 기획은 그렇게 쉽게 라면 끓이듯 '아님 말고' 식으로 진행할 수 없다.

그래서 불필요한 자원과 일정의 낭비를 막기 위해 사전에 검증을 해보는 과정이 꼭 필요하다. 이른바 프로토타입은 이때 필요한 것이다. 인간관계도 사전에 검증할 수 있다면 상처나 배신감, 결별할지도 모른다는 불안에서 해방될 수 있을 텐데. 하긴, 그럴 수 없기 때문에 사람과 사람 사이처럼 어렵고 중요한 것도 없는 것 같다.

경영 기획

- 회사의 중장기 비전

경영 이념과 중장기 비전
– 평생 행복한 가정을 꾸려나갈 것이다

나초보가 거래처에 다녀오던 길이었다. 거리에서 자원봉사자들이 '가훈 보급하기 운동'의 일환으로 사람들의 가훈을 붓글씨로 써주고 있었다.

'오호, 가훈이라. 나난 씨와 가정을 꾸리면 이런 게 필요하겠구나. 생각난 김에 제대로 기획해서 멋들어진 가훈 하나 만들어봐야겠다.'

며칠 후.

나초보는 회사 근처 어느 카페에서 한나난에게 며칠 동안 낑낑대며 만든 '우리 가정의 비전'을 설명하고 있었다.

"어때요? 그럴듯하지 않아요?"

"이게 뭐예요? 꼭 회사 경영 이념 같네. 꼭 이렇게 거창하게 해야 해요? 후후."

한나난은 나초보가 만든 '거창한' 비전을 듣고 새로움에 대한 일말의 불안했던 마음이 놓이는 한편, 너무 진지한 나초보의 모습을 보자 참았던 웃음이 터져 나왔다.

우리 가정의 비전

비전: 행복하고 화목한 가정과
노후 생활

추진 전략: 항상 사랑한다는 말하기
재테크로 10년 안에 내 집 장만하기
자녀들과 함께 놀아주기

가훈: 서로 아끼고 사랑하며 열심히 생활한다

학교에는 교훈,
가정에는 가훈, 회사에는 사훈

학교에는 교훈이, 집에는 가훈이 있듯이 회사에는 사훈 혹은 경영 이념이 있다. 가정에서 자녀 계획은 어떻게 할 것이며, 언제 어떤 식으로 집 장만을 하고, 노후에는 어떻게 살 것인지 등 미래를 대비한 설계를 하듯이 기업 차원에서도 그런 설계를 하는데, 이를 통상 '중장기 비전'이라고 한다.

경영 이념을 기업의 신념 내지는 주관이라고 한다면, 비전은 회사가 궁극적으로 지향하는 목표와 이상이 된다. 그리고 이러한 비전을 달성하기 위해 실행하는 구체적인 방법은 '추진 전략'이라고 할 수 있을 것이다.

그런데 이러한 비전이나 경영 이념은 왜 필요한 것일까? 기업의 발전과 안정을 위해서는 기업의 신념이나 목표가 있어야 하고, 이러한 내용을 조직 구성원이 모두 공유해야 통합된 전략을 수립하고 이를 효율적으로 실행할 수 있기 때문이다.

이러한 과정을 통해서 대내적으로는 회사 구성원으로 하여금 회사에 대한 이해를 새롭게 하고, 조직의 단합과 화합을 다지며, 대외적으로는 거래처나 소비자에게 기업의 이미지를 새롭게 하고 나아가 신뢰도와 친근감을 높인다. 그런데 대내외적으로 이를 알리고 실천할 때 직접적으로 요구하거나 지시하면 오히려 역효과가 나기 쉽다. 이럴 때는 '넌지시 암시'하는 것이 바람직하다.

직접 요구하기보다 넌지시 암시 – 넛지 효과

예를 들면, 남자 화장실 벽에 강압적으로 '소변 주의'라는 문구를 종이에 써 붙여놓는 대신 변기 안에 파리 그림을 하나 그려 넣자 소변기를 이용하는 남자들은 무의식적으로 파리 그림을 겨냥해 소변을 보았고, 자연스럽게 화장실은 청결을 유지할 수 있었다.

이처럼 직접적인 요구나 지시보다는 '넌지시 암시'를 하여 스스로 선택하고 행동하게 만들었을 때 그 결과가 더 효과적으로 나타난다. 이를 '넛지 효과(nudge effect)'라고 한다. '넛지'는 원래 팔꿈치로 슬쩍 찔러서 주의를 환기시킨다는 뜻인데, 사람들이 눈치채지 못하는 사이에 그들의 선택에 개입하는 것을 말한다.

기업들은 고객들에게 직접 요구하지 않으면서 다양한 암시로 자신들의 모토와 이미지를 소비자에게 각인시키고, 그러한 각인이 소비자의 선택에 개입하게 만듦으로써 수익을 극대화한다.

"어이, 나초보! 뭐? '우리 가정의 비전?' 이제 별걸 다 하는구나."

한 과장이 휴게실 자판기에서 커피를 꺼내며 말했다.

"나난 씨가 말했군요. 쑥스럽게. 그래도 만들어놓으면 그럴듯하고 좋지요. 뭐."

"이참에 아예 회사 비전 모토도 한번 새롭게 작업해보는 게 어때? 내부 인원 물갈이도 했고, 야심찬 기대주인 기능성 화장품도 출시 예정이고 하니까. 분위기 쇄신 차원에서 말이야."

"제 실력에 무슨 그런 걸. 그런 거는 전략기획팀에서 해야 하는 거 아닌가요?"

"뭘 그렇게 따지고 그래? 어차피 전략 기획 업무도 경험해보면 나중에 업무 볼 때 다 도움이 될 테니 시간 날 때 한번 해봐. 관련된 회사 자료는 내가 정리해줄 테니까."

"흠. 재미는 있을 거 같은데, 제가 할 수 있을지……."

회사의 비전을 수립하기 위한 기업 내부 환경 분석

기업의 비전 수립과 세부 추진 계획을 기획하기 위해서는 우선 기업이 처한 환경을 분석해야 한다. 이를 위해서는 앞에서 설명한 다양한 분석 방법을 활용하면 되는데 이때 몇 가지 중요한 포인트를 염두에 두어야 한다.

경영 비전 수립을 위한 내부 환경 분석

회사 자원 분석
- 인적 자원
- 금전적 자원
- IT 자원

영업력(마케팅) 분석
- 4P 믹스 능력
  (상품, 가격, 유통, 판촉)
- 매출, 시장점유율

내부환경

생산력 분석
- 총 생산 능력
- 생산량 조절의 신축성
- 생산 설비 분석

기술력 분석
- 보유한 고유 기술 및 특허
- R&D 능력
- 기술력의 수준

기업의 내부 환경 분석은 그림과 같이 크게 회사 자원 분석, 영업력(마케팅) 분석, 생산력 분석, 기술력 분석으로 나뉜다. 회사 자원의 분석은 인적 자원인 조직 구성원, 자산인 금전적 자원, IT 자원이라고 할 수 있는 정보 시스템의 활용으로 나누어서 한다. 이러한 환경 분석을 통해 일목요연하게 부문별 세부 추진 전략을 수립해두면 회사 비전과 그것을 달성하기 위해 각 부문별로, 그리고 각 조직 구성원별로 무엇을 어떻게 해야 하는지 그 과업이 드러나게 된다.

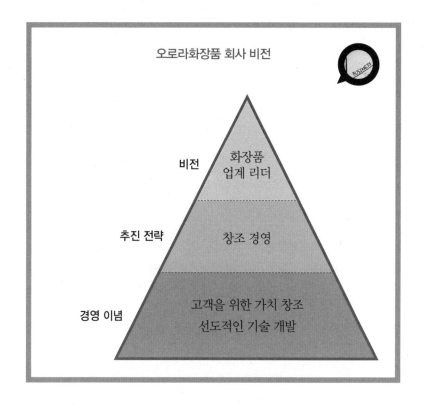

꼭 기록해놓지 않아도 누구나 신념이나 목표를 갖고 있듯이 가정과 회사도 공유하는 비전이 있어야 하는구나. 앞으로 나아가고 이루고자 하는 바가 있어야 조직이 성장하고 구성원들에게도 동기부여가 될 테니까.

한 과장님이 주신 자료로 회사 내부 역량을 분석해서 우리 회사의 비전을 만들어봤다. 너무 뻔한 내용 같기는 하지만 내가 전략 기획 전문가도 아닌데 이 정도면 양호한 것 아닌가? 흠······.

전략 기획은 신상품 기획과는 달리 뭔가 좀 묵직하고 거시적인 면이 있는 것 같다. 왠지 어깨가 더 무거워지는 느낌이 든다.

사업·제품의 구조 조정(BCG Matrix)

– 살림은 꼭 필요한 것만 알뜰하게

"나초보 씨, 이번에 기능성 화장품도 출시 예정이고 해서 회사에서 사업 구조 조정을 할 계획이에요. 그래서 우리 사업부의 다양한 상품들을 분석해서, 정리할 상품과 향후에도 적극적으로 밀어주어야 할 상품을 나눠 상품 포트폴리오에 관한 기획안을 작성하도록 하세요."

"네? 살생부를 만들라는 말씀이신가요?"

"뭔 엉뚱한 소리야? 인사고과처럼 각 상품들을 평가해보라는 말이에요. 그래야 단종해야 할 상품과 계속 만들어내야 할 상품이 구분되지. 자, 얼른 시작해요."

진 팀장한테 업무 지시를 받은 나초보는 며칠 동안 관련 부서를 찾아다니며 상품 포트폴리오에 관한 자료들을 모았다. 하지만 상품 포트폴리오 기획안에 대한 아이디어가 좀처럼 떠오르지를 않았다.

이 모습을 우연히 한 과장이 보고 한마디 했다.

"나초보, 뭘 그리 끙끙거리나?"

"아, 한 과장님, 상품 포트폴리오를 정리하고 있는데요. 평가는 대략 하겠는데 각 상품 간의 비교를 한눈에 보기 좋게 하는 방법이 안 떠올라서 고민 중이에요."

"아, 그럴 때는 BCG 분석틀을 이용하면 상품 간의 차이가 한눈에 들어올 거야."

"BCG 분석이요? 그게 뭔가요?"

"설명하자면 긴데, 이따 퇴근하고 맥주나 한잔 사지? 그때 찬찬히 알려줄 테니."

"미래의 매제한테 너무 빡빡하게 구시는 거 아니에요? 알았어요. 살게요, 살게."

"세상에 공짜는 없는 법이라네. 하하."

효자 상품과 돈 먹는 하마를 정리하는 제품 포트폴리오 관리와 BCG 분석

대부분 기업은 한 가지 상품만이 아닌 다양한 상품과 분야를 통해 사업을 한다. 그렇다면 기업은 각 사업이나 상품 중에 어떤 것을 확대하거나 유지하고 어떤 것을 축소·제거할까? 이를 결정하기 위해 각각의 사업이나 상품의 전략적 강점과 약점을 파악하는 분석 방법 중 하나가 제품 포트폴리오 관리(PPM, Product Portfolio Management)

다. 쉽게 말하면 가게에 있는 물건 중에 잘 팔리는 물건과 안 팔리는 물건을 구분해서 잘 팔리는 물건은 잘 보이는 곳에 더 많이 진열하고, 잘 안 팔리는 물건은 반품하는데, 이렇게 '잘 팔리는 물건'과 '잘 안 팔리는 물건'을 구분하는 분석틀이 바로 제품 포트폴리오 관리다.

그리고 경영 컨설팅 회사인 보스턴컨설팅그룹(BCG, Boston Consulting Group)이 기업의 제품 개발과 시장 전략 수립을 위해서 시장 성장률과 시장점유율을 기준으로 개발한 제품 포트폴리오 관리 도표가 바로 BCG 매트릭스(matrix)다. BCG 매트릭스를 이용한 분석을 'BCG 분석'이라고 한다.

BCG 분석의 4개 영역

- Star(반짝반짝 빛나는 최고의 상태)
- Cash Cow[현재는 그럭저럭 우유(수익)를 잘 제공해주는 고마운 젖소]
- Question Mark(이것 참, 뜨거운 감자네, 이걸 어떻게 해야 하나?)
- Dog(얘! 개털이래, 뭐 더 볼게 있니? 포기해야지.)

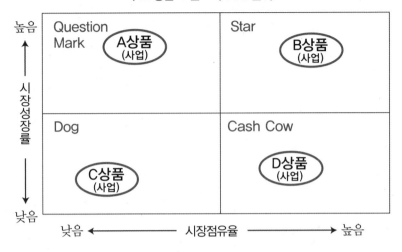

주요 상품 브랜드의 BCG 분석

그림에서 보듯이 BCG 분석은 4개의 영역으로 나누어져 있다.

그림 우측 상단은 'Star'라고 부르며, 이 상태에 있는 B상품(사업)은 시장 성장률과 시장점유율이 높기 때문에 회사 입장에서는 최고의 상품(사업)이 된다. 이 영역에 속한 상품(사업)은 적극적인 투자를 통해서 시장 성장률을 지속적으로 높여가는 한편 현재의 높은 시장점유율을 유지하는 전략이 필요하다.

우측 하단의 'Cash Cow'에 속한 D상품(사업)은 현재 시장점유율이 높아 수익은 내고 있지만 시장 성장률이 낮기 때문에 이 영역에 필요한 기획은 시장을 더 확장시킬 수 있는 전략을 담고 있거나, 혹은 여기서 벌어들인 수익으로 다른 분야에 신규 투자하는 전략을 담고 있어야 한다.

좌측 상단의 'Question Mark'는 말 그대로 물음표인 상황이다. 기업 입장에서 이 영역에 속한 A상품(사업)은 뜨거운 감자다. 시장이 성장하면 수익을 얻게 되니 쉽게 포기하지도 못하고, 그렇다고 'Star'로 키우기에는 현재 시장점유율이 낮기 때문에 많은 투자를 해야 하는 리스크가 있다.

좌측 하단의 'Dog' 영역에 속하는 C상품(사업)은 수익성이 거의 없어 속된 말로 '개털'이다. 기업 입장에서는 이 영역에 속한 상품(사업)에 대해서는 점진적으로 투자 금액을 줄여가면서 사업 철수를 준비하는 쪽으로 전략을 세워야 한다.

BCG 분석은 시장점유율과 시장 성장률을 두 축으로 해서 4개의 영역으로 나누고 상품(사업)이 현재 어느 상황에 위치해 있는지를 그림으로 정리해준다. 이를 통해 각 사업이나 상품에 대한 현 상황을 한눈에 평가하고 향후 전략의 큰 그림을 그려볼 수 있다는 장점이 있다. 반면에 두 개의 축으로 이루어진 구성 변수가 너무 단순하기 때문에 역동적인 분석이 어렵다는 단점도 있다.

상품 포트폴리오 전략 기획안

1. 기획 개요
자사의 4대 주요 상품 브랜드의 가능성과 역량을 분석하여 선택과 집중을 할 수 있도록 전략적 방안을 제시함.

2. 주요 상품 브랜드 현황

시장 성장률과 시장점유율을 기초로 분석한 자사의 4대 주요 상품 브랜드 현황.

1) 남성 화장품 '내 남자'

최근의 예쁜 남자 신드롬으로 남성 화장품 시장이 급속도로 확대되고 있으며 시장점유율도 꾸준히 상승하고 있음.

2) 한방 화장품 '왕의 여자'

웰빙 열풍으로 시장은 꾸준히 확대되고 있지만 시장을 선점한 경쟁사 때문에 현재 시장점유율이 미미함.

3) 미시 화장품 '미시화'

미시들의 기호가 젊은 제품으로 이동하고 있기에 시장 성장률은 포화 상태지만 상대적으로 자사의 시장점유율은 높음.

4) 엄마들을 위한 '반상회'

방문 판매 시장의 감소와 오래되고 촌스러운 브랜드 이미지 때문에 시장이 급속도로 축소되고 있으며 시장점유율도 낮음.

3. 주요 상품 브랜드의 BCG 분석

1) 내 남자: 향후 성장 가능성도 높고 수익성도 좋음 → 'Star'

2) 왕의 여자: 향후 성장 가능성은 높지만 현재의 시장점유율이 낮은 것이 문제임 → 'Question Mark'

3) 미시화: 향후 성장 가능성은 낮지만 꾸준한 수익이 발생함 → 'Cash Cow'

4) 반상회: 향후 성장 가능성도 낮고 자사의 역량도 매우 낮음 → 'Dog'

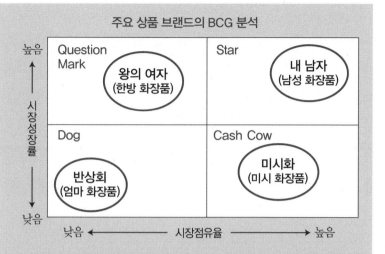

주요 상품 브랜드의 BCG 분석

높음

Question Mark
왕의 여자
(한방 화장품)

Star
내 남자
(남성 화장품)

시장성장률

Dog
반상회
(엄마 화장품)

Cash Cow
미시화
(미시 화장품)

낮음

낮음 ← 시장점유율 → 높음

4. 향후 추진 전략

1) 남성 화장품 '내 남자'는 현재 회사에 가장 기여도가 높은 상품임. 향후 시장 성장률과 시장점유율이 높기 때문에 소비자의 수요를 반영한 신상품을 지속적으로 개발해서 시장을 더욱 확대시키고 점유율을 유지시키는 것이 바람직함.

2) 한방 화장품 '왕의 여자'는 시장 성장률이 높아 향후 수익 발생 가능성은 높지만 현재 시장점유율이 낮음. 때문에 시장점유율을 높이기 위한 적극적인 영업 전략을 실시할 경우 '내 남자'처럼 우수 브랜드로 끌어올릴 수 있음.

3) 미시 화장품인 '미시화'는 시장점유율은 높지만 시장이 이미 포화 상태라 더 이상의 무리한 투자보다는 현재의 시장점유율을 유지하면서 꾸준한 수익을 취하는 것이 바람직함.

4) 엄마 화장품 '반상회'는 시장이 축소되고 있으며 시장점유율도 낮기 때문에 자연스럽게 철수하고 여기에 투자할 자원을 향후 성장 가능성이 높은 '내 남자'나 '왕의 여자'에 투입하는 것이

효율적임.

5. 결론
1) 내 남자: 지속적인 신상품 개발 전략
2) 왕의 여자: 공격적인 마케팅 전략
3) 미시화: 현 단계 유지 전략
4) 반상회: 단계적인 철수 전략

■ ○월 ○일 기획 일기

BCG 분석을 활용한 상품이나 사업의 포트폴리오 전략 기획을 해보았다. BCG 분석은 어떤 상품을 밀어주고 어떤 상품을 도태시켜야 하는지를 시각적으로 일목요연하게 파악할 수 있어서 참으로 유용하다.

시장 성장률과 시장점유율이라는 두 축만 있으면 되므로 매우 간단하다. 이 네 영역에 다른 항목을 대입하여 무궁무진하게 활용할 수 있다. 앞으로 자주 써먹어야겠다.

리스크 관리 : 위기에 대비한다
– 내가 아프면 우리 집은 어떻게 될까?

"여, 나초보! 회사 중장기 비전, 나름대로 신경 써서 기획했네? 어디선가 많이 들어본 레퍼토리 같기는 하지만 처음치고는 그런대로 합격점을 줄 만하네. 게다가 상품 포트폴리오 분석도 잘했더군."

"그게 다 기획 멘토인 한 과장님께서 잘 가르쳐주신 덕분이죠, 뭐."

나초보는 한 과장의 칭찬에 머쓱한 표정을 지으며 머리를 긁적였다.

"이제 리스크 관리에 대한 것만 좀 이해하면 웬만한 경영 기획의 기초는 다진 셈이야."

"리스크 관리요?"

"그래, 리스크 관리, 위험 관리 말이야. 회사는 경쟁이 치열한 시장에서 사업을 영위하기 때문에 수많은 위험에 노출되어 있어. 그래서 이런 위험에 대한 준비와 대응을 제대로 하지 못하면 한순간에 퇴출되기도 하지."

"맞아요. 한때 시장을 지배했던 공룡 같던 기업도 한순간 사라지는 일이 비일비재하죠."

"남 이야기가 아니야."

"네? 남 이야기가 아니라뇨?"

"우리 회사도 요즘 기능성 화장품에 대한 기대에 너무 부풀어서 안일하게 경영하는 경향이 있어. 고 전무 사건으로 곤욕을 치른 지 얼마나 되었다고. '깨진 유리창 법칙'처럼 사소한 것도 하나씩 무너지기 시작하면 상황이 걷잡을 수 없게 되어버리는데 말이야."

"흠, 하기는 좀 그런 면이 있네요. 마치 기능성 화장품이 도깨비방망이인양 모든 것을 다 해결해줄 것처럼 기대하는 것 같아서 부담스럽기도 해요."

"내가 리스크 관리에 대해서 한 수 가르쳐줄 테니까 이참에 아예 우리 전략기획팀으로 옮겨 올 생각 없어?"

"네? 이제 겨우 신상품 기획이 뭔지 감을 잡을 만하니까 난데없이 전략 기획을 하라고요? 아이고, 못해요, 못해!"

"이런 소심하기는…… 알았어. 그 일은 나중에 다시 생각해보기로 하고 일단 리스크 관리에 관한 자료나 가져가서 공부해봐."

TIP 바늘 도둑이 소도둑 된다 – 깨진 유리창 법칙

집주인이 자기 집 깨진 유리창을 방치하면 사람들은 집주인이 포기한 집이라고 생각하고 함부로 다룬다. 쓰레기를 집 앞에 갖다버리고 마당을 훼손하고, 나중에는 아무 거리낌 없이 그 집에서 도둑질까지 하게 된다. 이렇게 깨진 유리창 하나 때문에 '바늘 도둑이 소도둑' 된다.

이게 바로 범죄심리학에서 말하는 '깨진 유리창 법칙'이다. 범죄를 예방하기 위해서는 사소한 것부터 잘 관리해야 한다. 1994년 뉴욕시장이 된 루돌프 줄리아니는 범죄 예방을 위해 사소한 경범죄부터 단속하기 시작하여 꾸준히 노력한 결과 연간 2,200건에 달하던 살인 사건의 발생 건수를 1,000건 이상 감소시키는 쾌거를 이룩했다. 더 이상 '깨진 유리창'을 방치하지 않은 것이다.

이와 마찬가지로 도태되는 기업을 잘 들여다보면 조직 내부의 기강 해이와 패배주의, 동기부여의 부재로 인한 직원들의 사기 저하 같은 사소해 보이는 문제들이 그대로 방치되는 것을 확인할 수 있다. 이러한 사소한 문제들이 '깨진 유리창'이 되어 결국 회사를 무너뜨리는 것이다.

리스크 관리 능력이 회사를 살리기도 죽이기도 한다

약 10년 전 미국에 많은 피해를 입힌 허리케인 카트리나를 기억하는가? 이 재난으로 세계 최고의 선진국이라고 자부하던 미국의 자존심이 무참하게 짓밟혔고, 미국 정부의 늑장 대응과 재난 관리 시스템의 문제로 피해를 키웠다는 국내외의 비판이 빗발쳤다.

리스크 관리 측면에서 우리나라는 어떠한가? 우리나라 사람들은 국가적 리스크라 하면 1997년 외환 위기를 떠올리는 사람들이 많을 것이다. 원화에 비해 외환 가치가 치솟을 것이라는 위기를 목전에 두고도 기업은 성장 일변도의 방만한 경영을 했고 정부는 외환 관리에 소홀했다. 그로 인해 외환 보유고가 텅 비고, 수입 대금을 상환하지 못한 거대 수출 대기업의 도산으로 숱한 하청기업들이 연쇄 도산하면서 어마어마한 수의 실직자가 양산되었으며, 이러한 대량 실직은 내수 경기의 폭락으로 이어졌다. 거기에 IMF로부터 외환 차관을 들여오면서 경제 정책 기조가 경기 부양이나 성장이 아닌 극단적인 리스크 제거에만 초점이 맞추어져 국내 경제의 실물 경기가 빠르게 얼어붙었다.

1997년 외환 위기는 국가 차원에서 리스크(risk) 관리가 얼마나 중요한지 일깨워주었다.

리스크 관리는 기업 차원에서도 굉장히 중요하다. 리스크 관리를 제대로 못한 기업은 큰 타격을 받고 순식간에 침몰해버리고, 위기 관리를 제대로 하는 기업은 위기를 기회로 삼아 오히려 더 큰 성과를 거두기도 한다.

시장은 갈수록 예측하기 어려울 정도로 빠르게 변화하고 있으며, 경쟁은 더욱 치열해져서 기업의 미래에 대한 불확실성은 날로 커지고 있다. 이런 상황에서 기업들은 다양한 위기에 직면할 수 있다. 해당 기업이 시장에서 경쟁 우위를 점하고 경쟁사에 비해서 생존력을 높일 수 있는 주요 요인으로 리스크 관리 능력이 점점 관심을 모으고 있다. 언제 어디서 터질지 모르는 지뢰처럼 잠재해 있는 위험 요소를 찾아내 이를 예방하고 점검하는 노력은 이제 매우 중요한 경영 활동의 하나로 자리 잡았다.

그래서 기업의 중장기 경영 전략을 기획할 때에는 이러한 리스크 관리에 대한 부분도 같이 염두에 두어야 한다. 즉 경영 전략을 달성하는 과정에서 만나게 되는 숱한 위험 요소에 대응하는 방안이 전략 기획 안에 필수적으로 포함되어야 하는 것이다.

리스크 관리, 구체적으로 무엇을 어떻게 하나?

첫째, 리스크를 찾아내서 확인하고 평가해야 한다. 여러분 회사의 가장 심각한 리스크는 무엇일까? 예를 들면, 원자재 수요에 대한 위험이 있을 수 있다. 의류 회사라면 섬유 원단이, 전자 제품을 만드는 회사라면 관련 전자 부품이 중요한 원자재가 될 것이다.

이 경우 리스크 관리는 그러한 주요한 원자재가 언제 어떤 이유로 조달에 문제가 생기거나 가격이 상승하게 될지, 그 밖의 가능한 모든 변수를 찾아내는 것으로부터 시작된다.

이 같은 맥락에서 보면, 노사분규, 기업 정보나 기술의 유출, 천재지변이나 기타 인위적인 재난(화재, 시설 누수 등)에 의한 생산 시설의 피해, 거래처의 도산 등등 기업 활동에서 당장 찾아볼 수 있는 리스크만 해도 굉장히 많다.

리스크 관리를 통해 경영 활동을 하면서 발생할 수 있는 이러한 모든 위기 사항을 분야별로 정리하고, 위험도, 예상 피해, 발생 양태 등도 정리해두어야 한다.

둘째, 찾아낸 리스크는 집중적으로 관리해야 한다. 첫째 단계에서 모든 예상 리스크를 찾아낸 뒤 예상 리스크들이 실제로 발생하게끔 하는 변수들을 집중 관리해야 하는 것이다. 수시로 그러한 변수들의 변동 상황을 점검해서 실제 상황이 발생할 수 있는 가능성을 제거하고, 그래도 만에 하나 리스크가 발생할 것에 대비하여 만반의 준비를 해야 한다.

셋째, 리스크가 실제로 발생했을 경우의 대응 방안을 짜야 한다. 예상 가능한 위험 상황을 정리하고 그것을 집중 관리한다고 해도 위험한 상황이 발생할 수 있다. 그래서 실제 리스크가 발생했을 경우 어떤 식으로 대응할지 회사 전체, 각 부서별 '위기 대응 매뉴얼'을 미리 마련하고 연습해두어야 한다. 화재 발생 시를 대비하여 평소 화재 진압 훈련을 하고 화재 시 대처 요령을 숙지하는 것과 같은 개념이라고 생각하면 된다.

넷째, 리스크 관리 시스템이 제대로 작동해서 효과를 발휘할 수 있도록 평소에 꾸준하게 조직 구성원 간의 원활한 커뮤니케이션을 유지하는 것이 필요하다. 대응 전략까지 완벽하게 갖추었다고 해도 리스크 관리란 공동 행동이므로 막상 사내 구성원 간의 원활한 커뮤니케이션이 되지 않으면 무용지물이 되기 쉽다.

다섯째, 리스크 관리에 대한 조직 구성원의 능동적인 호응이 있어야 한다. 리스크 관리를 일방적으로 강요하면 대부분은 귀찮아하고 잘 협조하지 않는다. 당장의 업무에 꼭 필요한 일이 아니라고 생각하기 때문이다. 비상시를 대비하여 민방위 훈련을 할 때 이를 귀찮아하고 적극적으로 참여하지 않는 집단 심리와 비슷하다. 때문에 왜 이러한 리스크 관리 시스템이 필요한지 구성원 모두가 절감하도록 하는 교육이 필수적이다.

리스크 관리는 이제 기업 생존을 위한 필수 요소다. 기획자가 중장기 경영 전략을 제시함에 있어 장밋빛 비전을 늘어놓는 것도 좋지만, 장밋빛 미래로 가기 위해서는 숱한 지뢰밭을 극복하고 살아남아야 한다. 철저한 리스크 관리 없이는 회사의 장밋빛 미래도 없다.

○월 ○일 기획 일기

무슨 사건이 터진 뒤에야 진작에 위험에 대비했어야 한다는 여론이 냄비처럼 끓어오르다 금세 언제 그랬느냐는 듯이 잊히는 게 리스크다. 위기란 평소에 보이는 게 아니다. 그게 현실이 되면 막을 수가 없다. 그래서 리스크인 거다. 위기는 미리, 의식적으로 관리해야 한다.

우리네 인생도 언제 어떤 일이 생길지 모르므로 평소에 리스크 관리를 하는 것이 중요하다는 생각이 든다. 나난 씨나 우리 미래의 아이들을 위해서 지금부터라도 내 삶의 리스크 관리를 시작해야겠다.

최고 경영자의 공백과 임원진의 비리 문제 등으로 한바탕 홍역을 치른 오로라화장품은 능력 있고 참신한 새 CEO를 외부에서 영입하여 회사 분위기를 쇄신했다. 이를 바탕으로 재도약의 발판을 마련했다.

　한편, 숱한 시행착오 끝에 나초보가 기획한 기능성 스포츠 화장품이 드디어 출시되었다. 특히 야외 레저·스포츠 활동이 많은 젊은 여성들의 폭발적인 반응이 이어졌다. 경쟁사들이 소비자의 수요를 파악하지 못한 채 기존 제품 시장에 몰두하는 동안, 오로라화장품은 나초보가 직접 소비자를 찾아다니며 파악한 그들의 니즈를 반영한 제품을 출시할 수 있었고, 포화 상태인 화장품 시장에서 블루 오션 시장을 개척해낸 것이다.

　기존의 화장품들이 예쁘고 연약한 이미지의 브랜드 전략을 고수한 반면, 오로라화장품은 건강한 아름다움을 상징하는 이미지의 Doit이라는 새 브랜드를 내세워 소비자들에게 강한 인상을 심어주는 데 성공했다. 그러자 경쟁사들도 비슷한 제품을 뒤따라 내놓으며 시장에 뛰어들었다. 하지만 이미 초기에 시장을 선점해 '기능성 스포츠 화장품=오로라화장품 Doit'이라는 브랜드 이미지가 각인된 터라 소비자들의 마음을 돌리지는 못했다.

　소비자의 욕구에 맞춘 기획 콘셉트와 성공 요소도 주효했고, 더불어 차별화된 기능, 품질에 근거한 프리미엄급 가격, 체험 위주의

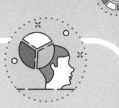

프로모션 전략 등 마케팅 4P 믹스를 잘 조합한 점도 시장에서의 성공 요인이 되었다. 이러한 성공에 힘입어 자금·손익 계획 역시 조기에 목표를 초과 달성할 수 있었다.

오로라화장품은 신상품의 폭발적인 매출 증대에 힘입어 경영 구조가 대폭 개선되었고, 기존 브랜드들에 대해서도 기능성 스포츠 화장품을 벤치마킹한 과감한 리모델링을 단행해 시장점유율을 크게 끌어올릴 수 있었다.

이러한 성과로 회사 조직 내에서도 많은 변화가 생겼다. 한기획 과장은 전략기획팀의 팀장이 되었고, 나초보는 대리 승진과 동시에 모두의 예상을 뒤엎고 전략기획팀이 아닌 마케팅팀으로 전보 발령을 받았다. 한편 신상품개발팀의 진저리 팀장은 임원으로 승진했다.

그러나 Doit의 성공이 가져온 무엇보다 가장 큰 성과는 소비자의 발견이었다. 이제 오로라화장품의 모든 기획에서 소비자는 더 이상 단순히 통계 수치로만 취급되지 않는다. 나초보가 한나난에게 그러하듯, 이제 오로라화장품에게 소비자는 늘 관심을 갖고, 지켜보아야 하며, 진심으로 요구를 충족시켜주고 싶은 사랑의 대상이 된 것이다.

나초보가 신입 기획자로서 가슴에 새겼던 말이 이제는 진정한 기획자가 되고 싶어 하는 오로라화장품 사원들의 컴퓨터 앞에 가지런히 붙어 있다.

'진정한 기획은 소비자를 향한 가슴 설레는 순수한 사랑에서 시작된다.'

어느 여름날의 저녁. 퇴근 후 나초보와 한기획이 회사 근처 호프집에서 맥주잔을 기울이고 있다.

"건배! 대리 승진 축하해! 나초보, 아니 나 대리."

"쑥스럽네요. 그래도 기분은 좋은데요. 나 대리라……."

"신상품 기획도 잘 마무리했고, 결혼식 날짜도 잡혔으니 이제는 좀 더 크고 의욕적인 일에 도전해야지?"

"더 크고 의욕적인 일이요?"

"그래, 자네를 마케팅팀으로 전보 발령한 이유가 있어. 직원들을 대상으로 '업무 능력 향상 기법'을 강의할 강사가 필요하거든."

"그런데요?"

"내가 자네를 추천했어. 자네처럼 단기간에 기획 업무를 배워 실무에 적용하고, 이를 성공적으로 이끈 사원도 드물거든. 기획은커녕 기본적인 업무 처리도 제대로 못해서 허둥대던 경험을 살려서 사원들에게 그 노하우를 전해줬으면 해."

"'업무 능력 향상 기법' 강의라…… 새로운 도전이네요. 맨땅에 헤딩하는 심정으로 새롭게 시작해야 할 것 같아요. 하지만 자신 있습

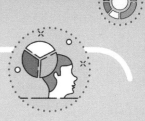

니다."

"그래, 나는 나 대리 믿어. 그리고 마케팅팀에는 정 과장이 있으니까 잘 이끌어줄 거야. 나하고 호흡을 맞춰가며 기획에 눈을 뜬 것처럼 정 과장한테 잘 배워서 마케팅과 직무교육에 관한 전문가가 돼보라고."

"그래요. 까짓 거 한번 해보죠. 이제는 두렵지 않아요. 형님, 우리 건배해요. 새로운 도전을 위하여!"

"그래, 도전을 위하여!"

두 사람은 힘차게 술잔을 부딪쳤다.

그렇게 나초보의 새로운 도전이 다시 시작되었다.

반짝반짝 빛나는 완전한 기획서 샘플

<기능성 스포츠 화장품 기획안>

oo년 o월 o일

오로라 화장품 신상품개발팀

목 차

1

I. 기획 개요

오로라 화장품

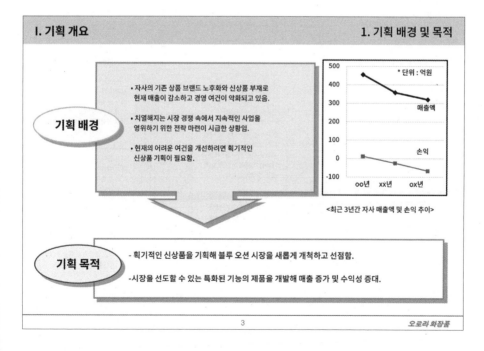

기획 배경

- 자사의 기존 상품 브랜드 노후화와 신상품 부재로 현재 매출이 감소하고 경영 여건이 악화되고 있음.
- 치열해지는 시장 경쟁 속에서 지속적인 사업을 영위하기 위한 전략 마련이 시급한 상황임.
- 현재의 어려운 여건을 개선하려면 획기적인 신상품 기획이 필요함.

<최근 3년간 자사 매출액 및 손익 추이>

기획 목적

- 획기적인 신상품을 기획해 블루 오션 시장을 새롭게 개척하고 선점함.
- 시장을 선도할 수 있는 특화된 기능의 제품을 개발해 매출 증가 및 수익성 증대.

오로라 화장품

II. 환경 분석

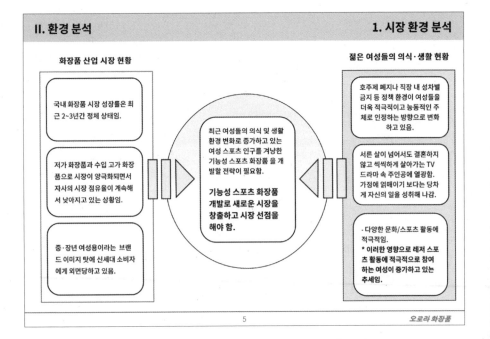

화장품 산업 시장 현황

국내 화장품 시장 성장률은 최근 2~3년간 정체 상태임.

저가 화장품과 수입 고가 화장품으로 시장이 양극화되면서 자사의 시장 점유율이 계속해서 낮아지고 있는 상황임.

중·장년 여성용이라는 브랜드 이미지 탓에 신세대 소비자에게 외면당하고 있음.

최근 여성들의 의식 및 생활 환경 변화로 증가하고 있는 여성 스포츠 인구를 겨냥한 기능성 스포츠 화장품 을 개발할 전략이 필요함.

기능성 스포츠 화장품 개발로 새로운 시장을 창출하고 시장 선점을 해야 함.

젊은 여성들의 의식·생활 현황

호주제 폐지나 직장 내 성차별 금지 등 정책 환경이 여성들을 더욱 적극적이고 능동적인 주체로 인정하는 방향으로 변화하고 있음.

서른 살이 넘어서도 결혼하지 않고 씩씩하게 살아가는 TV 드라마 속 주인공에 열광함. 가정에 얽매이기 보다는 당차게 자신의 일을 성취해 나감.

- 다양한 문화/스포츠 활동에 적극적임.
* 이러한 영향으로 레저 스포츠 활동에 적극적으로 참여하는 여성이 증가하고 있는 추세임.

설문 및 현장 조사를 통해 취합된 기능성 스포츠 화장품에 대한 소비자 의식을 분석해 시장성을 판단하고 신상품 기획의
전략적 방향을 제시함.

● 소비자 분석 개요
  OO년 O월 OO일 ~ OO일 총 1,000명의 여성을 대상으로 설문 조사를 실시함. (자사 홈페이지 500명, 오프라인 직영점 500명)

연령대	20~24세	25~29세	30~34세	35~39세	40대 이상
참여인원	250	250	250	150	100

<연령별 설문 참여 인원>

직업	회사원	자영업자	학생	주부
참여 인원	300	250	250	200

<직업별 설문 참여 인원>

● 소비자 분석 결과

설문 참여 인원 중 85%가 기능성 스포츠 화장품에 관심 있다고 응답해 대부분의 여성들 이러한 상품에 대한 잠재 수요가
있는 것으로 나타남.

월 평균 레포츠 활동 참
여 횟수는 월 1회가
35%로 가장 많았고
2~3회가 25%이었으
며 월 4회 이상이 15%
로 나타남.

<레포츠활동 빈도>

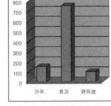

기능성 스포츠 화장품을 선택하
는 기준이 효과라 답한 응답자가
750명으로 압도적으로 많았으
며 가격이나 편의성이라고 응답
한 사람은 각 100명 내외였다.
이는 기능성 스포츠 화장품에서
가장 중요한 성공 요소가 가격보
다 제품 자체의 효과에 있다는
것을 의미함.

<기능성 스포츠 화장품 선택 기준>

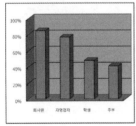

직업별 기능성 화장품 선호
도는 회사원(85%)과 자영
업자(77%)가 압도적으로
높았으며 학생(48%)과 주
부(41%)는 상대적으로 낮
은 것으로 나타남. 경제 활
동을 많이 하는 회사원과
자영업자가 주요 고객층으
로 부각될 것으로 판단됨.

<직업별 기능성 화장품 선호도>

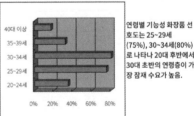

연령별 기능성 화장품 선
호도는 25~29세
(75%), 30~34세(80%)
로 나타나 20대 후반에서
30대 초반의 연령층이 가
장 잠재 수요가 높음.

<연령별 기능성 화장품 선호도>

* 설문 조사 외에 소비자 현장 인터뷰를 통해 기존의 화장품들의 땀으로 인해 화장이 뭉치거나 번지는 문제에 대한 불만
도가 매우 높은 것으로 파악되었음. (향후 제품 개발 과정에서 중점을 두어야 할 주요 사항임)

● 기능성 스포츠 화장품에 대한 소비자들의 잠재 수요는 매우 높음.
● 효과를 확실하게 입증할 수 있는 제품 개발이 선행될 경우 가격 저항은 큰 문제가 되지 않을 것임.
● 20대 후반에서 30대 초반의 경제활동을 하는 직장인과 자영업자, 그 중에서도 월 2회 이상의 레포츠 활동을
   즐기는 여성을 타겟 고객층으로 설정할 수 있음.

소비자 조사를 통해 기능성 스포츠 화장품에 대한 잠재 수요가 충분히 존재하는 것으로 파악되었음.
따라서 현재 관련 경쟁사(상품)에 대한 심도 있는 분석을 통해 장단점을 파악, 비교 우위를 점할 수 있는
전략적 대안을 제시함.

A사의 한방 화장품	전통 한방의 신뢰도를 바탕으로 시장 진입에 성공함. 그러나 야외 스포츠 활동 과정에서는 땀으로 인해 화장품이 뭉치는 현상이 심해 향후 여성 스포츠 화장품 시장에서의 성장 가능성은 한계가 있음.
B사의 식물성 화장품	식물성 소재를 사용해 웰빙 효과를 타고 시장에서 성공하였으며 꾸준한 제품 개선에 나서고 있음. 그러나 기능성이 부각이 되지 못해 성장 가능성은 한계가 있음.
C사의 VIP 화장품	외국 명품 브랜드라는 프리미엄으로 고급 시장을 형성하고 있음. 그러나 스포츠용으로는 적합하지 않음. 단순 자외선 차단 외에 미용 효과가 부족함.

현재 여성들이 야외 스포츠 활동 과정에서 가장 많이 사용하는 것으로 조사된 제품은 위 3개사의 화장품이며,
이들이 향후 자사의 기능성 스포츠 화장품의 잠재적인 경쟁 상품으로 대두될 것으로 예상됨.

구분	시장점유율	성장가능성
A사 한방 화장품	35%	15%
B사 식물성 화장품	20%	25%
C사 VIP 화장품	10%	40%

<주요 경쟁사의 시장 점유율 및 성장가능성>

<시장점유율>

<성장가능성>

- A사 한방 화장품의 현재 시장 점유율이 35%로 높지만 향후 기능성 스포츠 화장품 시장에서의 성장 가능성은 15%로 낮음. 그리고 한방이라는 투박한 이미지를 불식시키지 못할 경우 젊은 세대에게 어필할 수 있는 브랜드 이미지 쇄신에 실패할 수 있으며 따라서 시장에서 도태될 수 있음.

- B사 식물성 화장품의 현재 시장 점유율은 20%이고 향후 기능성 스포츠 화장품 시장에서의 성장 가능성도 25%로, 꾸준하게 신제품을 출시할 경우 현재와 같은 위치를 유지할 수 있음.

- C사 VIP 화장품은 현재 시장 점유율이 10%밖에 안되지만 추가적으로 스포츠 시장을 겨냥해 기능을 보강한 제품을 출시할 경우 브랜드 인지도의 효과로 인해 성장 가능성은 40%로 높게 예상됨.

- 현재 기능성 스포츠 화장품은 동일한 제품의 경쟁 상대가 없으므로 신규로 시장에 진입하기에 좋은 상황임.
- 고급 기능성 화장품이라는 이미지를 부각하면서 차별화된 기능성을 토대로 시장을 선점하는 전략이 필요함.
  이후 꾸준하게 개선 제품을 출시해서 시장 점유율을 유지하는 전략을 취해야 할 것으로 판단됨.

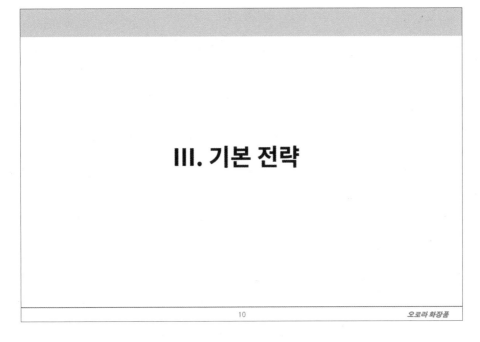

오로라 화장품

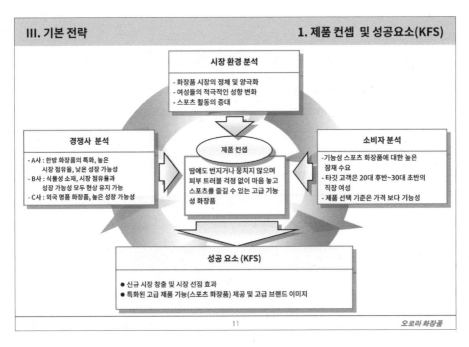

오로라 화장품

부록_ 반짝반짝 빛나는 완전한 기획서 샘플 303

마케팅 4P Mix전략을 이용하여 시너지 효과를 낼 수 있는 마케팅 전략을 수립함.

제품(Product)전략

- 차별화된 고기능성
- 피부 트러블 방지 및 보습 효과
- 땀으로 인한 문제를 해결한 제품

가격(Price)전략

- 프리미엄 급의 가격 정책
- 저가 제품과 간격을 벌리고 외국 명품 제품보다 저렴한 가격 정책

Product   Price

기능성
스포츠 화장품

Place   Promotion

유통(Place)전략

- 기존 유통망의 적극적인 활용
- 고급 스포츠 매장과의 연계

판촉(Promotion)전략

- 체험을 기본으로 하는 판촉 전략
- 스포츠 관련 행사장에서 무료 체험 이벤트
- 건강한 아름다움을 선사한다는 브랜드 이미지를 부각함

기능성 스포츠 화장품의 브랜드 Doit은 단순한 화장품 이름이 아니라 건강한 아름다움을 대변하는 의미가 될 수 있도록 함.

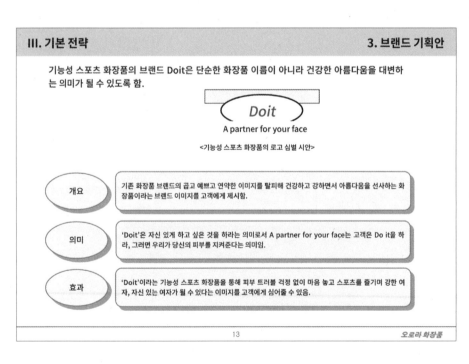

Doit

A partner for your face

<기능성 스포츠 화장품의 로고 심벌 시안>

개요	기존 화장품 브랜드의 곱고 예쁘고 연약한 이미지를 탈피해 건강하고 강하면서 아름다움을 선사하는 화장품이라는 브랜드 이미지를 고객에게 제시함.
의미	'Doit'은 자신 있게 하고 싶은 것을 하라는 의미로서 A partner for your face는 고객은 Do it을 하라, 그러면 우리가 당신의 피부를 지켜준다는 의미임.
효과	'Doit'이라는 기능성 스포츠 화장품을 통해 피부 트러블 걱정 없이 마음 놓고 스포츠를 즐기며 강한 여자, 자신 있는 여자가 될 수 있다는 이미지를 고객에게 심어줄 수 있음.

IV. 세부 실행 전략

IV. 세부 실행 전략	1. 단계별 추진 전략

기능성 스포츠 화장품 개발과 출시를 위해 기획, 마케팅, 개발/생산 등 관련 부문별로 세부 일정을
수립해 추진하도록 함.

작업 구분	세부 항목	oo년					oo년
		8	9	10	11	12	1
개요	- 프로젝트 전체 계획 수립 - 프로젝트 세부 조직 　구성 및 업무 분장	◆					
기획	기획 과제 정의						
	시장 분석(소비자)						
	제품 아이디어 도출						
	제품 컨셉 및 KFS						
	세부 실행 계획 수립						
	프레젠테이션 및 의사결정						
마케팅	마케팅 기본 계획 수립						
	사전 마케팅 작업						
	제품 출시 이벤트 실시						
개발/생산	제품 개발 일정/비용 산출						
	제품 성분 연구						
	시제품 개발 및 테스트						
	제품 보완 및 완제품 출시						

스포츠·레저 관련 회사 및 단체와 제휴하여 레포츠 행사 참가자에 자사의 기능성 스포츠 화장품을 제공하고 자사 화장품을 구매할 경우 레포츠 행사 참가 할인권을 제공하는 제휴 마케팅을 전략적으로 추진함.

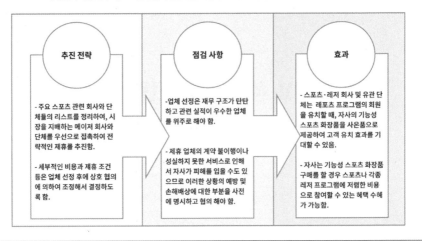

추진 전략

- 주요 스포츠 관련 회사와 단체들의 리스트를 정리하여, 시장을 지배하는 메이저 회사와 단체를 우선으로 접촉하여 전략적인 제휴를 추진함.
- 세부적인 비용과 제휴 조건 등은 업체 선정 후에 상호 협의에 의하여 조정해서 결정하도록 함.

점검 사항

- 업체 선정은 재무 구조가 탄탄하고 관련 실적이 우수한 업체를 위주로 해야 함.
- 제휴 업체의 계약 불이행이나 성실하지 못한 서비스로 인해서 자사가 피해를 입을 수도 있으므로 이러한 상황의 예방 및 손해배상에 대한 부분을 사전에 명시하고 협의 해야 함.

효과

- 스포츠·레저 회사 및 유관 단체는 레포츠 프로그램의 회원을 유치할 때, 자사의 기능성 스포츠 화장품을 사은품으로 제공하여 고객 유치 효과를 기대할 수 있음.
- 자사는 기능성 스포츠 화장품 구매를 할 경우 스포츠나 각종 레저 프로그램에 저렴한 비용으로 참여할 수 있는 혜택 수혜가 가능함.

온라인은 스포츠 관련 동호회와 각종 커뮤니티 공간을 대상으로 집중 프로모션을 실시하고 오프라인 공간은 화장품의 효과를 직접 체험해 볼 수 있는 전략을 위주로 함.

홍보 전략

- 각 언론사에 <이제는 피부 트러블 걱정 없이 마음 놓고 스포츠를 즐길 수 있다 - 획기적인 화장품 등장!>이라는 제목으로 보도 자료를 배포함.
- 각종 스포츠 행사의 협찬 및 후원을 통해서 이러한 내용을 기사화하고 새로운 사회적 신드롬으로 이슈를 불러일으키도록 추진함.

이벤트 전략

스포츠 행사장에서 고객들이 직접 자사 제품의 우수성을 경험해 볼 수 있는 체험 마케팅을 지속적으로 실시함.
- 겨울 시즌 : 주요 스키장에서 체험 이벤트를 실시함.
- 여름 시즌 : 주요 해수욕장과 수영장에서 체험 이벤트를 실시함.

광고 전략

팝 그룹 Queen의 We are the champions의 음악을 배경으로 흐르면서 달리기, 인라인 스케이트, 자전거 타기를 즐기는 많은 여성들이 등장함. 건강하고 아름다운 여성들이 클로즈업되면서 Doit 화장품이 오버랩 됨.

V. 재무 계획

오로라 화장품

V. 재무 계획   1. 자금 기획

기능성 스포츠 화장품의 연구·개발 및 생산 판매를 위해 필요한 자금 계획을 향후 4개 년도를 추정해 기획함.

구분	oo년	oo년	oo년	oo년	소계
연구/개발비	12	3	3	3	21
판매관리비	15	10	10	10	45
기타	5	6	7	8	26
소계	32	19	20	21	92

* 단위 : 억 원

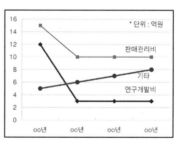

- 사업 1차년도인 oo년의 경우는 상품 개발을 위한 연구/개발비와 초기 시장 진입을 위한 판매관리비가 많이 소요될 것으로 추정됨.
- 사업 2차년도부터는 연구/개발비와 판매관리비는 상대적으로 줄어들 것으로 예상됨.
- * 총 투자 비용은 92억 원이 소요될 것으로 예상됨(연구개발비 21억 원, 판매관리비 45억 원, 기타 26억 원).

오로라 화장품

기능성 스포츠 화장품의 손익을 향후 4개년도를 추정해 기획함.

구분	oo년	oo년	oo년	oo년	소계
매출액	47	120	200	400	767
경비	62	102	156	338	658
손익	-15	18	44	62	109

* 단위 : 억 원

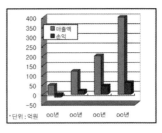

● 사업 1차 년도인 oo년의 경우는 연구/개발비와 판매관리비의 증대로 인해 약 -15억 원의 손실이 발생할 것으로 예상됨.

● 사업 2차년도부터는 투자 비용의 감소로 인해 매출액 대비 손익이 약 18억 원의 흑자로 돌아설 것으로 예상됨.

● 이후 년도부터는 안정적인 매출 증대와 손익 구조의 개선으로 꾸준한 수익 발생이 가능함.

* 세부적인 재무제표는 사업 추진 내용의 변화에 따라 변동될 수 있음.

감사합니다